Shibas Kitchen

Shmaila Daher

SHIBAS KITCHEN

Orientalische Familienrezepte aus Pakistan

Das Kochbuch zum erfolgreichen Foodblog

قال عليه السلام صلوة الجماعة تفضل صلوة الفذ بسبع وعشرين درجة

Inhalt

VORWORT **11**

INTRO **12**

- Mein Weg zur Foodbloggerin und Kochbuchautorin 14
- Die pakistanische Küche - Grundlagen 21
- Allgemeine Hinweise zu den Rezepten 37

FRÜHSTÜCK UND SNACKS **38**

- Wie wir in Pakistan Essen - Frühstück 40
- Aloo Paratha (Fladenbrot gefüllt mit Kartoffeln) 42
- Chana Bhatura (Kichererbsencurry mit frittiertem Brot) 45
- Masala-Omelett mit Toast 46
- Pyaz wala Anda (Rührei mit Zwiebel) 49
- Halwa Puri 50
- Mini-Pakoras (Frittierte Gemüsehäppchen) 53
- Aloo Tikki (Kartoffeltaler) 54
- Bhuna Chana (Geröstete Kichererbsen) 57

ALLTAGSGERICHTE **60**

- Wie wir in Pakistan essen - Alltag 62
- Aloo Baingan (Kartoffel-Auberginen-Curry) 64
- Aloo Palak (Kartoffel-Spinat-Curry) 67
- Aloo Gobi (Kartoffel-Blumenkohl-Curry) 68
- Aloo Keema (Kartoffel-Hackfleisch-Pfanne) 73
- Murghi Ka Salan (Hähnchen-Curry) 74
- Bhindi Masala (Okraschoten in Zwiebel-Tomaten-Sauce) 77
- Tarka Chana Dal (Kichererbsen mit Knoblauch-Chili-Butter) 80

Dal Makhani (Cremige Belugalinsen) 83
Dal Palak (Linsen mit Spinat und Chili-Kreuzkümmel-Butter) 84
Mung Dal (Mungbohnen mit Tomaten-Tarka) 87
Kitchari (Reis-Linsen-One-Pot) 88

BROTE UND GEBÄCK **90**
Wie wir in Pakistan essen - Brote und Gebäck 92
Roti 94
Naan 96
Puri (Frittierte, kleine Fladenbrote) 101
Muli Paratha (Rettich-Paratha) 102

FESTLICHES **104**
Wie wir in Pakistan essen - Feste 106
Pakora Dahi Kadhi (Joghurt-Curry mit Pakoras) 108
Murgh Biryani (Hähnchen-Reis) 110
Murgh Korma (Hähnchen-Curry) 115
Shadi wala Roast (Hochzeitsbraten) 116
Yakhni Pulao (One-Pot-Reisgericht) 118
Chapli Kebab (Flache, würzige Kebabs) 121
Karahi Gosht (Schmorfleisch) 122
Nihari (Eintopf) 127

SÜSSSPEISEN **128**
Wie wir in Pakistan essen - Süßspeisen 130
Barfi (Klassische pakistanische Süßigkeit) 132
Besan ke Ladoo (Kichererbsenbällchen) 137
Gajrela (Karotten-Halwa) 138
Gulab Jamun (Frittierte Milchbällchen in Rosensirup) 141
Jalebi (Frittierte Teigspiralen in Safransirup) 144
Kheer (Pakistanischer Milchreis) 147
Pista Kulfi (Pistazieneis) 148
Ras Malai (Cremige Bällchen in Milchsauce) 150

GETRÄNKE **152**
Getränke in Pakistan 154
Kadak Chai (Pakistanischer Gewürztee mit Milch) 156
Mango-Lassi 159
Nimbu Shikanji (Pakistanische Zitronenlimonade) 160
Rooh Afza Sharbat (Pakistanischer Durstlöscher) 163

BASICS **164**
Raita (Gurken-Minz-Joghurt) 166
Imli ki Chutney (Tamarinden-Chutney) 169
Pudine ki Chutney (Minz-Chutney) 170
Pyaz wala Salad (Tomatensalat mit roten Zwiebeln) 173
Chaat Masala (Gewürzmischung für alle Fälle) 174
Garam Masala (Klassische Gewürzmischung) 175
Biryani Masala 176
Nihari Masala (Gewürzmischung für Eintopf) 177
Adrak Lassan ka Paste (Knoblauch-Ingwer-Paste) 178
Dahi (Selbst gemachter Joghurt) 179
Ghee (Geklärte Butter) 181
Paneer (Pakistanischer Käse) 182

REGISTER **184**
ÜBER DIE AUTORIN **186**
ÜBER DAS FOTOTEAM **186**

Vorwort

Wenn mir vor zehn Jahren jemand erzählt hätte, dass ich eines Tages Kochbücher schreiben würde, hätte ich es wahrscheinlich nie im Leben geglaubt. Damals schien mir dieser Weg so fern. Heute jedoch fühlt es sich für mich ganz natürlich an, meine Leidenschaft und mein Hobby beruflich ausüben zu können. Es zählt zu den schönsten Dingen, die mir in meinem Leben passiert sind. Bevor ich jedoch weitererzähle, möchte ich mich kurz vorstellen:

Hallo, ich bin Shmaila (genannt werde ich aber Shiba), 35 Jahre jung, und ich freue mich sehr, dass du dich für mein zweites Kochbuch entschieden hast. Ich wurde in Pakistan geboren und bin mit meinen Eltern und fünf Schwestern in Deutschland, genauer gesagt im Schwabenländle, aufgewachsen. Ich bin mit einem Palästinenser verheiratet, der hier aufgewachsen ist. Anfangs war es nicht einfach, zwischen den unterschiedlichen Kulturen meine eigene Identität zu finden und zu festigen. Es war ein langwieriger Prozess, aber wenn ich heute zurückblicke, bin ich unendlich dankbar für alles! Denn ich hatte und habe die wundervolle Möglichkeit, von allen drei Kulturen das Beste für mich zu übernehmen. Das ist meine Identität heute - irgendwo zwischen Butterbrezeln, Garam Masala und Za'atar habe ich mich gefunden, und ich liebe es!

Im Jahr 2022 entschied ich mich, meinen gut bezahlten IT-Job aufzugeben, um meiner Leidenschaft und meinem Hobby nachzugehen: Kochen, Rezepte entwickeln und Fotografieren. Auf meinem Foodblog (www.shibaskitchen.de) lade ich regelmäßig neue Rezepte hoch. Dabei liegt der Schwerpunkt vor allem auf der orientalischen Küche, mit traditionell pakistanischen, palästinensischen und deutschen Gerichten sowie einfachen Alltagsrezepten. Es ist, wie bereits erwähnt, eine kunterbunte Mischung aus Butterbrezeln, Garam Masala und Za'atar.

Besonders die pakistanische Küche wird in Deutschland viel zu selten repräsentiert, und das möchte ich mit diesem Kochbuch ändern. Ich verrate dir die wichtigsten Zutaten, die du benötigst, um authentisch pakistanisch zu kochen. Ich zeige dir all die herrlichen Gerichte, mit denen ich aufgewachsen bin - Gerichte, die meine Mutter, meine Oma und meine Urgroßmutter schon gekocht haben und deren Zubereitung über die Jahre mündlich weitergegeben wurde, von einer Generation zur nächsten. Es ist an der Zeit, diesen Rezepten einen gebührenden Platz zu geben und sie für meine Kinder, meine zukünftigen Nachkommen und natürlich auch für dich und meine liebevolle Community auf meinen Social-Media-Kanälen zu verewigen. Ich wünsche dir viel Spaß beim Durchblättern, Kochen und Genießen!

Herzliche Grüße

Shiba

Intro

Mein Weg zur Foodbloggerin und Kochbuchautorin

Über mich

Geboren wurde ich 1987 im Südosten Pakistans, in einem kleinen Dorf namens Ghataliya, in der Nähe der Stadt Lahore. Zwei Jahre später entschied sich mein Vater, sein Heimatland Pakistan zu verlassen, um uns Kindern eine bessere Zukunft zu ermöglichen. Er ließ meine Mama und damals drei kleine Töchter im Alter von eins, zwei und vier, zu denen auch ich gehörte, zurück. In Deutschland angekommen, arbeitete er Tag und Nacht und sparte Geld, um seine Frau und Kinder nachzuholen. Er übernahm Jobs, die ich wahrscheinlich heute nie machen würde. Ihm blieb damals keine große Wahl, denn er hatte weder einen Schulabschluss noch eine Berufsausbildung. Schließlich hatte er genug Geld gespart, um vier Flugtickets zu kaufen - für meine Mama, mich und meine zwei Schwestern. Wir wurden von unserem Onkel zum Flughafen gefahren. Nach dem Check-in mussten wir uns von ihm verabschieden und alleine weitergehen.

Bis zu diesem Zeitpunkt hatten meine Mutter und wir Kinder noch nie einen Flughafen gesehen, geschweige denn eine Flugreise unternommen. Damit begann für uns eine der aufregendsten Reisen unseres Lebens, insbesondere für meine Mutter mit drei kleinen Kindern und einem Koffer. Sie hatte ihr Dorf niemals zuvor verlassen.

Über meine Mama

Meine Mama ist eine großartige Köchin, und das meiste von dem, was ich übers Kochen weiß, habe ich von ihr gelernt. Sie wuchs als jüngstes von sechs Geschwistern sehr unbeschwert auf. Sie hatte drei ältere Schwestern, die sich um alles kümmerten, was mit dem Haushalt zu tun hatte. Dadurch hatte sie viel Zeit zum Spielen und konnte ihrer Kreativität freien Lauf lassen. Sie nähte Kleidung für ihre Puppen, bastelte Dekoartikel für das Haus, malte wunderschöne Gemälde mit Kreisen auf den Boden im Hof und erfand eigene Spiele mit Murmeln und Steinen.

Als sie im heiratsfähigen Alter war, entschieden ihre Eltern, sie mit dem Nachbarssohn (meinem Vater) zu verheiraten, um zu vermeiden, dass sie weit von zu Hause wegziehen musste. Doch das Schicksal hatte offenbar andere Pläne und führte sie fernab von ihrer Familie auf die andere Seite der Welt: nach Deutschland.

Erst nach der Hochzeit bekam sie von ihrer Schwiegermutter das Kochen richtig beigebracht. Sie lernte die unterschiedlichen Arten von Linsen kennen und wie man sie verwendet. Sie lernte einfache bis festliche Gerichte zuzubereiten, Reis zu garen, ohne dass dieser matschig oder klebrig wird, Mahlzeiten für eine Großfamilie zu kochen. Sie erlernte traditionelle und einfache Rezepte für den Alltag, wie man Zutaten richtig aufbewahrt, verschiedene Gewürze verwendet und mit Fleisch sowie exotischem Gemüse wie Okra, Bittergurke oder Kaddu (Flaschenkürbis) kocht. Fleisch stand ihr zufolge sehr selten auf dem Speiseplan. Wenn, dann nur zu besonderen Anlässen. Im Alltag kamen oft verschiedene Dals (Linsengerichte) auf den Tisch. Etwas, das noch heute zu meinen Lieblingsessen zählt.

Unsere Anfänge in Deutschland

Ich kann mich zwar nicht genau an den ersten Tag in Deutschland erinnern, aber vage Erinnerungen habe ich schon. Wir kamen in einem Flüchtlingsheim unter. Es war ein langer Flur mit mehreren Räumen, einer Gemeinschaftsküche und Gemeinschaftstoiletten. Unsere Familie hatte ein Zimmer zur Verfügung. Darin gab es einen Schrank und zwei Hochbetten aus Metall. Direkt am ersten Tag wurde uns von den Mitarbeitenden ein Essenspaket vorbeigebracht. In dem Paket befanden sich Kleinigkeiten für das »Abendbrot«, wie Brötchen, Salami, Käse, Wurst und Aufstriche. An dem Tag sind wir hungrig ins Bett gegangen, denn alles war neu für uns, und wir kannten Fleisch und Käse in dieser Form nicht. Wir haben es zwar probiert, aber es hat uns damals einfach nicht geschmeckt! Besorgt, wie es kulinarisch in den nächsten Tagen weitergehen würde, sind wir erst einmal erschöpft von der langen Fahrt eingeschlafen.

Mit der Zeit fand meine Mama heraus, wo sie Lebensmittel kaufen konnte, um ihre geliebten Gerichte aus der Heimat auch in Deutschland für ihre Familie zu kochen. Klassische Gerichte, die leicht umzusetzen waren, waren Pilau, Biryani, Pakoras, Samosas und Roti mit Salan (pakistanische Currys). Roti ist das pakistanische Fladenbrot, das täglich frisch gebacken wird und normalerweise einen Holz- oder Lehmofen erfordert. Ich erinnere mich noch sehr gut, dass meine Mutter verschiedene Pfannen und Mehlsorten aus deutschen Supermärkten ausprobiert hat, um herauszufinden, was am besten funktioniert.

Obwohl wir in Deutschland lebten, blieb uns die deutsche Küche vorerst leider fremd. Zu Beginn war es nicht einfach für uns Kinder, Freundschaften zu schließen. Wir sprachen eine andere Sprache und sahen auch komplett anders aus. Das alles erschwerte unsere Integration in den Kindergarten und die Schule sehr.

Auf Festen wie dem Weihnachtsmarkt oder dem Rummel machten uns die ganzen Essensstände sehr neugierig. Besonders das gebratene Weißkraut weckte unser Interesse, was das wohl sei und ob wir es auch essen könnten. Vielleicht war darin Schweinefleisch enthalten? Weil wir uns unsicher waren, wollten wir es deshalb erst mal nicht probieren. Wie auch immer, alles roch herrlich und weckte Lust, all das kennenzulernen, auszuprobieren und zu entdecken.

Die ersten kulinarischen Schritte

Mein erster Versuch, einen Kuchen zu backen, ging leider komplett daneben. Du musst dir vorstellen, in dem Dorf, in dem wir gewohnt hatten, hatten wir keinen Ofen, und somit hat dort auch nie jemand einen Kuchen gebacken.

Erst in Deutschland lernte ich die große Vielfalt an Gebäck und Kuchen kennen. Wir fragten hier und da nach Rezepten und versuchten anhand mündlicher Erklärungen unseren ersten Kuchen zu backen. Niemand hat uns gesagt, dass man Backpulver zum Mehl hinzufügen muss, damit der Kuchen aufgeht.

Damals hatten wir keinen Zugang zur digitalen Welt wie YouTube oder Google, wo man sich in Sekundenschnelle ein Rezept hätte erklären lassen können. Aber das änderte sich rasch. Da meine Mama eine sehr herzliche und offene Person ist, schloss sie trotz sprachlicher Hürden viele Freundschaften mit Menschen aus verschiedenen Herkunftsländern, darunter der Türkei, Marokko, Bosnien und Deutschland. Sie traf sich mit ihnen und lernte von ihnen ihre traditionellen Gerichte wie Kisir, marokkanischer Eintopf, Pita gefüllt mit Kartoffeln und Spinat und Rindsrouladen.

Und sie lernte das Backen von ihrer (bis heute) besten deutschen Freundin: Waltraud Riexinger. Eine wundervolle Frau mit einem großen Herzen. Zwischen ihrer und unserer Familie entwickelte sich eine sehr innige, wunderschöne und jahrelange Freundschaft. Jedes Jahr zu Weihnachten lud sie uns (inzwischen waren wir schon zu acht, denn im Laufe der Zeit kamen drei weitere Schwestern hinzu) zu sich nach Hause ein. Für jedes Kind lagen Geschenke unter dem Weihnachtsbaum, und sie kochte ein typisch deutsches Festessen für uns.

Für mich und meine Schwestern war das ungelogen immer der schönste Tag im ganzen Jahr. Bis heute denke ich oft und gern daran und freue mich über diese wunderschönen Momente, die Frau Riexinger uns beschert hat. Danke, liebe Frau Riexinger!

Im Gegenzug luden wir ihre Familie jedes Jahr zu unserem Opferfest ein und bereiteten für sie all die feierlichen Köstlichkeiten aus unserem Heimatland Pakistan zu. Der Tisch war mit bunten Speisen gedeckt, und ich denke, für Frau Riexinger und ihre Familie war das sicher auch ein Highlight und ein ganz besonderer Tag.

Wie ich zum Kochen kam

Wenn du den vorangegangenen Text gelesen hast, ist die Frage eigentlich sehr einfach zu beantworten: Kochen und Essen haben in meinem Leben einfach schon immer eine große Rolle gespielt! Ich entwickelte bereits früh großes Interesse daran, meiner Mama dabei zuzuschauen, wie sie in der Küche stand und für uns all die leckeren Speisen zubereitete. Ich war immer neugierig, stellte viele Fragen und konnte es kaum erwarten, all diese Köstlichkeiten ganz alleine für meine Familie zu kochen. Das Erste, was ich von ihr mit meinen zehn Jahren lernte, waren Aloo Paratha (Fladenbrot gefüllt mit Kartoffeln) und Pilau (ein Hähnchengericht mit Reis, das in einem Topf zubereitet wird). Zum Glück ließ mich meine Mama frei in der Küche experimentieren.

Danke dafür, liebe Mama. Ich liebe es einfach, für meine Mitmenschen zu kochen und ihnen damit eine Freude zu bereiten. Immer wenn ich in der Küche stand, vergaß ich allen Kummer und alle Sorgen, die man als Kind mit Migrationshintergrund so hat. In der Schule habe ich mich oft wegen meiner Herkunft und meines Pausenbrots vor meinen Klassenkameradinnen und -kameraden geschämt. Meine Mama hat mir oft Parathas mitgegeben, aber ich habe es einfach nicht geschafft, diese vor meinen Mitschülern zu essen. Für die meisten war der Geruch ungewohnt, und sie haben sich darüber lustig gemacht. Damals habe ich mir gewünscht, einfach nur Brot mit Butter dabei zu haben. Was ich damit sagen möchte, ist, dass meine Schulzeit leider nicht so schön war. Am liebsten wäre ich gar nicht zur Schule gegangen. Aber einer der wichtigsten Gründe, warum mein Vater sein Heimatland verlassen hat, war, dass er seinen Töchtern eine gute Bildung ermöglichen wollte! Deshalb bedeuteten ihm Schule und Schulnoten sehr viel. Also habe ich das Thema trotz schwieriger Umstände sehr ernst genommen. Ich habe fleißig gelernt, bin von der Hauptschule Schritt für Schritt zur Realschule aufgestiegen und habe dann mein Abitur gemacht. Anschließend habe ich mich entschieden, Mathematik zu studieren. Zum einen, weil Mathematik und Physik zu meinen Lieblingsfächern gehörten, und zum anderen, weil ich unbedingt einen gut bezahlten und sicheren Job haben wollte, um meinen Vater stolz zu machen. Für mein Studium bin ich von zu Hause ausgezogen und habe in einem Studentenwohnheim mit anderen Studierenden gewohnt. Immer wenn ich Heimweh hatte, habe ich das Essen meiner Mama gekocht: Dals, Currys, Reis, Pakoras und vieles mehr. Ich war es von zu Hause gewohnt, dass Kochen und Essen etwas Gemeinschaftliches ist, deshalb habe ich immer meine Mitbewohnerinnen und Mitbewohner eingeladen. Ich habe einfach an ihre Zimmertüren geklopft und gefragt, ob sie Hunger hätten. Alle haben sich über mein selbst gekochtes Essen gefreut, und schnell hat sich das im ganzen Wohnheim herumgesprochen: Bei Shiba gibt es immer was Leckeres zu essen!

Wie kam es zu meinem Foodblog?

Während meines Studiums lernte ich meinen Mann kennen: Nayif Daher, ebenfalls in Deutschland aufgewachsen, aber mit palästinensischen Wurzeln. Ich war sehr interessiert daran, auch seine Heimatküche kennenzulernen und auszuprobieren. Im Gegensatz zu meiner Familie war das Thema Kochen und Essen in seiner noch viel wichtiger. Sie sprachen untereinander gern über verschiedene Gerichte, wie man sie kochen sollte und wie man sie verbessern könnte. Dadurch entdeckte ich eine völlig neue kulinarische Welt, und mein Interesse am Kochen und Essen wurde noch stärker. Direkt nach meinem Masterabschluss in Mathematik bekam ich eine gut bezahlte Stelle in einem bekannten IT-Konzern. Ich hatte ein Auto, reiste viel, übernachtete in Fünf-Sterne-Hotels und hatte ein gutes Einstiegsgehalt. Eigentlich hatte ich mein Ziel erreicht und hätte glücklich sein können. Aber das war ich nicht. Jeden Tag, wenn ich zur Arbeit ging, fragte ich mich: Wird das jetzt mein ganzes Leben so ablaufen? Werde ich von nun an den Großteil meiner Stunden in diesem Gebäude verbringen? Werde ich jeden Mittag in der Kantine essen? Plötzlich hatte ich unter der Woche kaum noch Zeit zum Kochen. Ich vermisste es so sehr, dass ich mir immer Hotels suchte, in denen eine Kochnische vorhanden war. Der Gedanke, meinen Job zu kündigen und etwas völlig Neues zu machen, schien mir zu diesem Zeitpunkt undenkbar, denn ich hatte so lange studiert, genau für dieses Leben (so dachte ich zumindest damals)!

Aber das Schicksal meinte es gut mit mir - ich war gerade noch in der Probezeit, als ich mit meinem ersten Kind (Kareem, heute sechs) schwanger wurde! Ich beantragte sofort drei Jahre Elternzeit und tobte mich in der Küche richtig aus. Ich kochte und backte frisch für meinen Sohn. Ich begann, das Zubereitete mit dem Handy zu fotografieren und auf Instagram hochzuladen. Durch eine frühere Begeisterung meines Mannes für Fotografie hatten wir noch das komplette Equipment für professionelle Aufnahmen im Keller: Softboxen, Stative, Spiegelreflexkamera und Objektive. Ich holte alles hervor und beschloss, meine Gerichte damit zu fotografieren. Der Anfang war nicht einfach. Oft stand ich den ganzen Tag in der Küche, und am Ende gefielen mir die Bilder nicht. Das war frustrierend, aber ich gab nicht auf. Inzwischen hatte ich meine Elternzeit um weitere drei Jahre verlängert, da meine Tochter Samira zur Welt kam. Sechs Monate vor dem Ende meiner Elternzeit wurde meine Tochter in den Kindergarten eingewöhnt. Mir war klar, dass ich dieses letzte halbe Jahr nutzen musste, um meinen lang ersehnten Wunsch, den ich schon seit Jahren in mir trug, zu erfüllen: ein eigenes Kochbuch zu schreiben. Ich hatte bereits eine kleine Community auf Instagram. Ich erzählte meinem Mann von meiner Idee, und er unterstützte mich von Anfang an in allem, was ich tat. Danke an dieser Stelle an ihn! Das waren sehr intensive sechs Monate, fast so hart wie meine Masterarbeit über Zahlentheorie und Kryptografie.

Aber es hat sich gelohnt: Mein erstes Kochbuch kam super an. Bis heute bekomme ich wunderschöne Nachrichten zu den Rezepten und zum Buch! Meine Elternzeit ging zu Ende, und ich begann wieder bei meinem alten Arbeitgeber zu arbeiten. Mein Kopf war jedoch auch während der Arbeitszeit nur bei meinem Foodblog. Ich wollte kochen, Videos drehen und neue Rezepte schreiben. Aber plötzlich hatte ich keine Zeit mehr, denn der Job nahm mich komplett in Anspruch. Zwar hatte ich jeden Monat ein geregeltes Einkommen, aber ich war nicht mehr glücklich. Also beschloss ich, meinen Job zu kündigen. Die Entscheidung fiel mir nicht leicht. Zum Glück hat mich mein Mann dazu ermutigt, diesen Schritt zu wagen, um das zu tun, was mich erfüllt und glücklich macht! Genau einen Tag nach der Kündigung meldete sich der Christian Verlag bei mir und fragte, ob ich Lust hätte, ein weiteres Kochbuch mit ihnen zusammen zu schreiben! Nun ist es da, mein zweites Buchbaby, du hältst es gerade in der Hand. Ich bin gespannt, wo die Reise mich noch hinführt!

Die pakistanische Küche – Grundlagen

Die pakistanische Küche ist reich an Aromen und vielfältigen Geschmacksrichtungen und ähnelt sehr der nordindischen Küche. Andere Nachbarländer wie Afghanistan, Iran und China haben ebenfalls ihre Spuren hinterlassen. Bei uns wird viel bei hoher Temperatur scharf gebraten, unsere Gerichte sind würzig, bunt und sehr vielfältig.

Typische Zutaten und Grundbegriffe

Im Folgenden gebe ich dir einen Überblick über einige Basics aus der pakistanischen Küche.

Reis: Reis gehört in Pakistan zu den Grundnahrungsmitteln und wird gern als Beilage zu verschiedenen Gerichten serviert. Basmatireis ist besonders beliebt und wird am häufigsten verwendet. So auch hier in diesem Kochbuch. In Deutschland kennt man nur eine Sorte Basmatireis, aber in Pakistan unterscheiden wir zwischen folgenden: Es gibt Long-Basmatireis, Extra-Long-Basmatireis und gebrochenen Basmatireis. Jede Sorte hat ihre Verwendung in speziellen Gerichten und zu speziellen Anlässen. Extra-Long-Basmatireis wird gerne für festliche Gerichte wie Biryani verwendet, wohingegen gebrochener Basmatireis im Alltag bei einfachen One-Pot-Gerichten wie Kheer (Milchreis) oder Khichri (Reis-Linsen-One-Pot, auch Khichari genannt) zum Einsatz kommt.

Dal: Das Alltagsgericht schlechthin und eine der wichtigsten Eiweißquellen der pakistanischen Küche ist Dal. Damit es nicht langweilig wird, gibt es unzählige verschiedene Varianten und Zubereitungsarten, wie zum Beispiel Masoor Dal (rote Linsen), Mung Dal (Mungbohnen) und Chana Dal (gebrochene und geschälte Kichererbsen). Da ich selber mit unfassbar vielen Dal-Gerichten aufgewachsen bin, habe ich den Dals auf Seite 28 einen eigenen Abschnitt gewidmet.

Roti und Naan: Bei Naan und Roti handelt es sich um traditionelle pakistanische Brote, die oft als Beilage zu den Hauptgerichten gereicht werden. Naan ist ein fluffiges, im Tandoor-Ofen gebackenes Brot, während Roti ein dünnerer, ungesäuerter Fladen ist, der in einer heißen Pfanne gebacken und in sehr vielen Haushalten jeden Tag oft mehrmals frisch zubereitet wird.

Salan: Salan ist das pakistanische Wort für »Curry«. Die pakistanischen Currys kommen komplett ohne Kokosmilch oder Sahne aus. Die Grundlage bilden in der Regel Zutaten wie Zwiebeln, Knoblauch, Ingwer, Tomaten und Gewürze. Auf dieser Basis aufbauend lässt sich jede Art von Salan auf den Tisch zaubern. Es gibt unzählige Varianten. Gemüse-Salans wie Phindi Tori, Aloo Palak, Aloo Baingan oder Salans mit Fleisch wie Murghi ka Salan, Aloo Gosht oder Murgh Palak. Zum Salan

wird meistens Roti oder Reis gereicht, es gehört zu den wichtigsten Hauptgerichten in der pakistanischen Küche.

Dips und Pickles: Beilagen wie Raita (Joghurt-Dip), Chutneys und Pickles werden gerne zu den Speisen serviert, um Geschmack und Schärfe ganz nach eigenem Gusto anzupassen. Ist ein Gericht zu scharf geraten? Dann eignet sich etwas erfrischendes Raita perfekt dazu. Fehlt es an Würze, sind Pickles die optimale Ergänzung. Man kennt sie auch unter dem Namen Achar (in scharfen Gewürzen eingelegtes Gemüse und Obst, wie Karotte unreife Mangos und Zitronen).

Gewürze und Gewürzmischungen (Masala): Zu guter Letzt widme ich mich im Folgenden etwas ausführlicher den Gewürzen. Die pakistanische Bezeichnung für Gewürze ist schlicht und einfach »Masala«. Man unterscheidet zwischen Sabut Masala (ganze Gewürze) und Powder Masala (gemahlene Gewürze).

Gewürze sind das Herzstück der pakistanischen Küche, sie haben bei uns einen Ehrenplatz in der Küche. Bei meiner Mama sind sogar mehrere große Fächer im Schrank prall gefüllt mit verschiedenen Gewürzen und Gewürzmischungen. Einige Gewürze werden geröstet, andere zerstoßen, gemörsert oder in heißem Öl frittiert, bevor sie weiterverwendet werden.

Durch das Zerkleinern von Gewürzen in einem Mörser oder das Erhitzen in heißem Fett werden ihre ätherischen Öle freigesetzt. Generell werden ganze Gewürze immer zu Beginn des Kochvorgangs hinzugefügt. Gemahlene Gewürze hingegen sind bereits zerkleinert und haben ihre Aromen freigesetzt. Daher werden sie oft in der Mitte oder gegen Ende des Kochvorgangs hinzugefügt. Je länger die Kochzeit, desto mehr Wärme, Tiefe und Geschmack entfalten die Gewürze in einem Curry.

Wenn es um gemahlene Gewürze geht, gilt die Faustregel: Die Dosierung wie bei Salz und Pfeffer handhaben. Gewürze sind dazu da, den Gerichten Wärme, etwas Schärfe, mehr Tiefe, eine schöne Farbe und einen erdigen Geschmack zu verleihen.

Neben den Reingewürzen gibt es in der pakistanischen Küche etliche Gewürzmischungen, wie Chaat Masala, Biryani Masala oder Nihari Masala. Diese gibt es zwar fertig zu kaufen, doch meistens sind darin zusätzliche Konservierungsstoffe enthalten. In diesem Buch zeige ich dir deshalb, wie man diese Gewürzmischungen ganz einfach selber zubereiten kann. Sie sind super lange haltbar, und man hat wirklich mehrere Monate etwas davon.

Falls du noch keine oder nur sehr wenig Erfahrung im Kochen mit Gewürzen hast, habe ich hier ein paar Tipps für dich, die hilfreich sein könnten.

Tipps im Umgang mit Gewürzen

- Gehe zu Beginn sparsam mit den Gewürzen um und taste dich Schritt für Schritt heran. Denke daran: Du kannst immer mehr hinzufügen, aber nichts mehr wegnehmen.

- Gewürze sollten idealerweise an einem kühlen, trockenen und dunklen Ort aufbewahrt werden, damit sie ihre Aromen und ihre Qualität erhalten. Verwende am besten luftdichte Gläser, um den Kontakt mit Feuchtigkeit und Sauerstoff zu minimieren.

- Um das Kochen zu erleichtern, empfehle ich, die benötigten Gewürze im Voraus bereitzustellen, damit sie schnell griffbereit sind. Alternativ kannst du auch den Herd kurz runterdrehen, wenn du die Gewürze hinzufügst, um ein Verbrennen in der Pfanne zu vermeiden.

Meine Top-5-Gewürze

Rotes Chilipulver (Surakh Mirach): Rotes Chilipulver wird aus getrockneten roten Chilischoten hergestellt und gibt den Speisen nicht nur Schärfe, sondern auch Farbe. Neben ganzen und gemahlenen Chilis gibt es noch Kashmiri-Chilipulver. Dieses hat eine besonders leuchtend rote Farbe mit mäßiger Schärfe und einen leicht rauchigen Geschmack (das heißt, man kann ruhig mehr hinzufügen, wenn man es schärfer mag). Es eignet sich ideal für Currys, bei denen es auf Schärfe, Geschmack und Farbe ankommt. Meiner Community empfehle ich immer, dieses Chilipulver unbedingt in den eigenen Gewürzvorrat aufzunehmen. Falls du kein Kashmiri-Chilipulver (Kashmiri Mirach) finden kannst, empfehle ich dir, es selber zu mischen. Dafür vermengst du ein mildes Paprikapulver, für die gewünschte Farbe, und eine Prise Cayennepfeffer für die Schärfe. Alternativ zu Cayennepfeffer kannst du auch handelsübliches Chilipulver verwenden. Dieses ist in den Varianten scharf, mittelscharf und mild erhältlich.

Koriander (Dhania): Korianderpulver wird aus den getrockneten Samen der Korianderpflanze hergestellt. Es hat einen frischen, zitrusartigen Geschmack mit einer leichten Süße. Koriander ist eines der ältesten Gewürze der Welt und wird seit über 3.000 Jahren in verschiedenen Länderküchen verwendet. Auch auf den Großmärkten Pakistans wird Koriander in großen Säcken verkauft. Es ist nahezu unmöglich, daran vorbeizulaufen, ohne den verlockenden Geruch wahrzunehmen. In pulverisierter Form unterscheidet er sich deutlich von den frisch zerstoßenen Samen. Deshalb kaufe ich gerne ganze Koriandersamen und mahle sie portionsweise. So habe ich immer frisch gemahlenes Korianderpulver parat. Und noch ein Tipp von meiner Mama: Eine Prise frisch zerstoßene Koriandersamen am Schluss über ein Gericht gestreut, verleiht noch mehr Geschmack und Duft. Ich vergleiche das gerne mit einem frischen Minzblatt, welches man am Schluss auf einen guten Cocktail gibt.

Kurkuma (Haldi): Kurkuma ist ein leuchtend gelbes Gewürz, das aus der Wurzel einer Pflanze gewonnen wird, die zur Familie der Ingwergewächse gehört. Es ist im wahrsten Sinne das Herzstück der pakistanischen Küche. Denn die leuchtend gelbe Farbe, die dem Farbstoff Kurkumin zu verdanken ist, ist eine echte Bereicherung für viele traditionelle Gerichte. In den meisten handelsüblichen Curry-Mischungen ist der Kurkumaanteil sehr hoch. Aber was die Wenigsten wissen, ist, dass in der traditionellen pakistanischen Küche tatsächlich eine vergleichsweise geringe Menge an Kurkuma verwendet wird. Ein halber Teelöffel reicht für viele einfache Currys aus, um den gewünschten Geschmack und Geruch zu erzielen. Die Kurkumawurzel wird vor allem in Pickles und Currys verwendet. Von meiner Mama habe ich gelernt, etwas frisch geriebene Kurkuma in den Chai zu geben, das kann Wunder wirken!

Kreuzkümmel (Jheera): Sobald meine Mama in die Küche ging und anfing zu kochen, weckte der zarte Duft von gebratenem Jheera in Öl meine Vorfreude aufs Essen und machte mich hungrig. Deshalb hat Jheera eine ganz besondere Bedeutung für mich. Kreuzkümmel ist ein Gewürz mit einem warmen, erdigen Geschmack und einem aromatischen Duft. Die Samen werden entweder gemahlen oder im Ganzen verwendet. Sie sind hellbraun und haben ein ausgeprägtes Aroma - pfeffrig und scharf. Nicht nur geschmacklich ist Kreuzkümmel ein Highlight, er hat auch gesundheitlich große Vorteile. Es ist ein uraltes Gewürz und wird im Ayurveda gern verschrieben, da er die Verdauung fördert und den Stoffwechsel anregt. Auch davon lege ich mir gerne einen Vorrat an Samen an und mahle diese dann grob oder fein, je nachdem, wofür ich sie verwenden will. Von Chaat über Currys und Raita bis hin zu Getränken ist eine Prise grob gemahlener Jheera ein echter Game-Changer!

Kardamom (Elaichi): Elaichi, auch bekannt als Kardamom, ist eines meiner absoluten Lieblingsgewürze. Neben Safran und Vanille gehört Kardamom zu den teuersten Gewürzen der Welt. Die Kapseln werden von Hand geerntet und anschließend getrocknet und gemahlen. Kardamom hat einen intensiven Geschmack. Aus der pakistanischen Küche ist Kardamom, als Pulver oder ganze Kapseln, nicht wegzudenken. Er findet Verwendung in Currys, Masala Chai, Biryanis und vielen Süßspeisen. Sehr oft werden ein bis zwei grüne Kardamomkapseln als Ganzes in Currys verwendet, während des Kochens geben sie ihr Aroma ab. Am Schluss kann man sie, wenn man möchte, herausnehmen. Wenn ich meinen Chai zubereite, dann zerstoße ich die grünen Kardamomkapseln (Schale und Samen) grob in einem Mörser, bevor ich sie dazugebe und sanft köcheln lasse. Der schwarze Kardamom (bekannt als der große Cousin vom grünen Kardamom) hat ein wunderbares, rauchiges Aroma und eine besondere Tiefe, weshalb er in herzhaften Gerichten nur sparsam verwendet werden sollte.

Weitere Gewürze für den Vorrat

Königskümmel (Ajwain): Ajwain ist eine Kümmelart mit einem kräftigen, würzigen Geschmack. Die kleinen, ovalen Samen haben ein intensives Aroma, das an Thymian und Oregano erinnert. Ajwain ist besonders beliebt in frittierten Snacks wie Samosas und Pakoras, wo es den Gerichten einen unverwechselbaren Geschmack verleiht. Es wird auch häufig in Brotteigen verwendet, um den Geschmack zu intensivieren. Darüber hinaus wird Ajwain aufgrund seiner verdauungsfördernden Eigenschaften geschätzt und kann in Form von Tee oder Gewürzpulver zur Linderung von Magenbeschwerden eingesetzt werden.

Senfsamen (Sarson): Senfsamen sind kleine runde Körnchen mit einem scharfen, würzigen Geschmack. Sie sind ein essenzieller Bestandteil vieler Länderküchen weltweit und werden in einer Vielzahl von Gerichten verwendet. Senfsamen gibt es in verschiedenen Varianten, darunter gelbe, braune und schwarze Samen, wobei die gelben die mildeste Sorte darstellen. Aus der pakistanischen Küche sind Senfsamen nicht wegzudenken. Sie werden oft zu Beginn des Kochprozesses in heißem Öl angeröstet, um ihr Aroma freizusetzen. Dies verleiht den Gerichten eine markante Geschmacksnote. Besonders beliebt sind sie in Spinatgerichten, wie unter anderem Palak Paneer.

Fenchelsamen (Saunf): Fenchelsamen, auch bekannt als Saunf, sind klein und oval und haben ein süßlich-würziges Aroma mit einer subtilen Anisnote. Sie sind sowohl in ganzer Form als auch gemahlen erhältlich und können in einer Vielzahl von Gerichten verwendet werden. In der pakistanischen Küche sind Fenchelsamen ein beliebter Bestandteil von Gewürzmischungen und werden oft zu Beginn eines Gerichts in heißem Öl angebraten, um ihr Aroma freizusetzen. Fenchelsamen werden häufig als natürlicher Atemerfrischer verwendet und nach den Mahlzeiten gekaut. Sie können dazu beitragen, den Mundgeruch zu reduzieren und die Verdauung zu unterstützen. Darüber hinaus werden Fenchelsamen gern auch zum Masala Chai dazugegeben.

Sternanis (Badian Khatai): Sternanis ist ein faszinierendes Gewürz mit einem markanten sternförmigen Aussehen und einem intensiven, süßen und würzigen Aroma. Obwohl es den Namen »Anis« trägt, ist das Gewürz botanisch betrachtet nicht mit echtem Anis verwandt, aber es teilt ähnliche Geschmacksnoten. Bei der Verwendung von Sternanis in der Küche ist es wichtig, ihn sparsam einzusetzen, da sein Geschmack sehr intensiv sein kann. Meist wird er im Ganzen verwendet und vor dem Servieren aus dem Gericht entfernt, da er zu hart ist zum Zerkauen.

Safran (Kesar): Safran wird auf Pakistanisch als »Kesar« bezeichnet. Er ist ein kostbares Gewürz mit einem intensiven, gelben Farbton und einem einzigartigen Geschmack. In Pakistan wird Kesar als Zeichen von Luxus angesehen. Er wird vor allem zu festlichen Anlässen und besonderen Gelegenheiten verwendet, um den Speisen eine edle Note zu verleihen, wie beispielsweise in Biryani, Pilau oder Desserts wie Kheer und Firni (Milchreis). Aufgrund seines seltenen und kostbaren Charakters ist Kesar ein Gewürz, das mit Sorgfalt und Wertschätzung verwendet wird. Er wird meist sehr sparsam eingesetzt, da bereits eine geringe Menge ausreicht, um den gewünschten Geschmack und die Farbe zu erzielen.

Nelken (Laung): Die Nelke, oder Pakistanisch »Laung«, ist ein aromatisches Gewürz mit einem intensiven, warmen und leicht süßlichen Geschmack. Sie ist ein wichtiger Bestandteil vieler traditioneller Gewürzmischungen wie Garam Masala und Biryani Masala und verleiht den Gerichten ein würziges und reiches Aroma. Darüber hinaus wird Laung auch verwendet, um Fleisch-, Geflügel- und Fischgerichte zu würzen. Es fügt den Speisen eine angenehme Wärme und Tiefe hinzu. Meist werden Gewürznelken in ganzer Form verwendet und vor dem Servieren aus dem Gericht entfernt, da sie einen intensiven Geschmack haben und nur bedingt zum Verzehr geeignet sind. Sie können aber auch grob gemahlen oder zu einem feinen Gewürzpulver verarbeitet werden.

Zimt (Dalchini): Zimt oder pakistanisch »Dalchini« ist ein duftendes Gewürz mit einem süßen und leicht scharfen Geschmack. Er wird als Stange oder gemahlenes Pulver verwendet. Zimt kann zu Gewürzmischungen hinzugefügt oder als einzelnes Gewürz verwendet werden, um den gewünschten Geschmack zu erzielen. Er ist ein wichtiger Bestandteil vieler traditioneller Gerichte wie Masala Chai, Biryani, Pulao und Curry. Speisen erhalten durch ihn ein wärmendes, duftendes Aroma und einen feinen Geschmack.

Mangopulver (Amchur): Mangopulver oder »Amchur« ist ein Gewürzpulver, das aus getrockneten grünen Mangos hergestellt wird. Es hat einen sauren Geschmack und wird in der pakistanischen Küche als natürlicher Säuregeber verwendet. Es kommt häufig in Chutneys, Currys und Pickles zum Einsatz, um diesen eine fruchtige und säuerliche Geschmacksnuance hinzuzufügen, und verleiht Gerichten eine angenehme Frische und eine leicht zitrusartige Note. Das Pulver wird auch als natürlicher Geschmacksverstärker verwendet und kann Gemüse-, Linsen- und Fleischgerichte aufwerten. Amchur wird in der Regel in geringen Mengen verwendet, da sein Geschmack sehr intensiv ist. Es kann direkt zu den Gerichten hinzugefügt oder Gewürzmischungen beigemengt werden.

Gewürzmischungen

Rezepte zu den wichtigsten Gewürzmischungen Garam Masala, Chaat Masala, Nihari Masala und Biryani Masala findest du im Rezeptteil unter dem Kapitel »Basics« ab Seite 164.

Dals

Egal zu welcher Uhrzeit und an welchem Tag, eine Sache, die in jedem pakistanischen Haushalt regelmäßig auf den Tisch kommt, ist: Dal! Dal bedeutet übersetzt einfach »Linsen«. Linsen sind ein wesentlicher Bestandteil der Küche in Pakistan. Da Fleischgerichte selten oder nur zu besonderen Anlässen serviert werden, sind Hülsenfrüchte eine super Eiweißquelle für die Menschen dort. Sie sind günstig, lange haltbar, sättigend, einfach, gesund und reich an Proteinen. Deshalb werden Dal-Gerichte in Pakistan auch als Essen für Arme bezeichnet. Einem Gast »nur« ein Dal zu servieren, gilt sogar als unhöflich! Trotzdem lieben die Pakistaner ihre Linsengerichte. Die meisten haben schöne Kindheitserinnerungen daran, vergleichar mit Pasta mit Tomatensoße hierzulande. Auch bei uns gab es oft Reis mit Dal (Dal Chawal) mit einem Klecks Ghee.

Als ich vor längerer Zeit in einem Rezept von »gelben Linsen« las, hatte ich große Schwierigkeiten, das zu verstehen, denn von zu Hause kannte ich mehrere Sorten von gelben Linsen. Chana Dal, Mung Dal oder Toor Dal? Welche gelben Linsen waren denn wohl gemeint? Und aus Erfahrung weiß ich, dass jede Linsensorte anders schmeckt. Falls du schon mal in einem indischen oder pakistanischen Supermarkt einkaufen warst, sind dir sicherlich die prall gefüllten Regale mit bunten Packungen verschiedener Hülsenfrüchte aufgefallen. Oft handelt es sich zwar um die gleiche Linsensorte, aber in unterschiedlicher Form: geschält, ungeschält oder gebrochen. Das Tolle ist, dass die Zubereitung von allen Linsenarten sehr ähnlich ist, und trotzdem erhält man ein komplett anderes Gericht mit anderer Geschmacksnuance. Urid Dal zum Beispiel schmeckt geschält komplett anders als ungeschält (Sabut Urid Dal).

Im Folgenden stelle ich dir einige Arten von Hülsenfrüchten genauer vor. Das sind die Standard-Dals, mit denen ich meistens koche.

Chana Dal: Chana Dal sind geschälte und gespaltene Kichererbsen. Sie haben eine gelbe Farbe und einen nussigen Geschmack. Chana Dal behalten beim Kochen ihre feste Konsistenz, werden aber trotzdem schön cremig.

Urid Dal: Urid Dal, auch bekannt als Belugalinsen, sind kleine, schwarze, runde Linsen. Sie haben einen reichen, erdigen Geschmack und eine sehr cremige Textur, wenn sie gekocht werden. Deshalb werden Urid Dal oft für die Zubereitung von Dal Makhani (Seite 83) verwendet. Urid Dal geschält haben eine hellgelbe Farbe und einen risottoartigen Geschmack. In diesem Buch verwende ich nur ungeschälte.

Mung Dal: Mung Dal, auch bekannt als Mungbohnen, sind kleine, runde, grüne Linsen. Mung Dal gibt es ganz, geschält oder halbiert zu kaufen. Man findet sie inzwischen in vielen herkömmlichen Supermärkten. Wenn sie geschält und halbiert sind, haben sie eine gelbe Farbe. Ein großer Vorteil ist ihre kurze Garzeit und dass sie leicht verdaulich sind.

Toor Dal: Toor Dal, auch als gelbe Erbsen oder Pigeon Peas bekannt, sind geschälte und gespaltene gelbe Linsen. Sie haben eine hellgelbe Farbe und einen erdigen Geschmack und gehören zu den am häufigsten verwendeten Dals. Sie ergeben eine besonders cremige Konsistenz und sind einfach in der Zubereitung.

Frische Zutaten

Eine der Fragen, die ich auf meinen Social-Media-Kanälen am häufigsten gestellt bekomme, ist: »Shiba, kannst du mir eine Liste an Grundlebensmitteln nennen, die ich auf Vorrat haben sollte, um mit der pakistanischen Küche loszulegen?« Ich hoffe, dass die folgenden Informationen diese Frage beantworten können. Auf alle genannten Zutaten gehe ich näher ein und erkläre, für welche Gerichte sie verwendet werden.

Sicher ist dir beim Blättern in diesem Buch aufgefallen, dass Zwiebeln, Knoblauch, Koriander, Ingwer und frische Chilis die wichtigsten Zutaten sind, sie kommen in den meisten Rezepten vor, und selbstverständlich findest du sie auf meiner Liste. Sie sind unverzichtbar, um einen möglichst authentischen Geschmack zu erzielen.

Grüne Chilis (Sabz Mirch): Die Schärfe von Chilis, die von mild bis sehr scharf sein kann, steckt in den Samen und den weißen Membranen im Inneren der Schote. Für die meisten Currys werden die Chilis der Länge nach aufgeschnitten, um den Gerichten eine leichte Schärfe zu geben. Da bei mir oft auch meine Kinder mitessen, gebe ich die Chilis sogar als Ganzes dazu, und später beim Essen zerdrücke ich sie nur in meiner Portion.

Koriander (Taaza Dhania): Frischer Koriander ist unverzichtbar in der pakistanischen Küche. Er wird gerne während des Kochens und auch als Topping zum Servieren verwendet. Das Kraut duftet herrlich und hat einen Hauch von Zitrusaroma, deshalb werden in vielen Currys nicht nur die Korianderblätter, sondern auch die Stiele verwendet. Wenn du also öfter pakistanisch kochst, empfiehlt es sich sehr, im Garten, auf dem Balkon oder in deiner Küche in einem Topf oder Pflanzkübel frischen Koriander anzubauen.

Knoblauch (Lassan): Oft werden geschälte, ganze Knoblauchzehen eingelegt oder direkt zum Kochen verwendet, etwa in Fleischgerichten, bei denen man die Zutaten lange auf niedriger Stufe köcheln lässt. Denn nach zwei bis drei Stunden zerfallen die Zehen. Aber auch gehackt, gepresst oder zerstampft findet Knoblauch seine Verwendung, zum Beispiel in einfachen Gemüsecurrys oder Dals. Hier wird Knoblauch gerne in Öl bei hoher Temperatur gebraten. So entfaltet sich ein unbeschreiblich leckerer Duft, typisch für die pakistanische Küche.

Ingwer (Adrak): Viele trauen sich nicht, mit Ingwer zu kochen, da er roh nicht unbedingt jedermanns Geschmack ist. Aber so wie Ingwer in der pakistanischen Küche verwendet wird, ist er ein absoluter Game-Changer. Ingwer dient dazu, den Gerichten eine gewisse Wärme zu geben. Dafür wird er meistens vorab zerstampft, gerieben oder in dünne längliche Streifen geschnitten, in Öl auf hoher Stufe angebraten und zum Verfeinern der Speisen verwendet - der Duft und das Aroma, die sich hierbei entfalten, sind einfach herrlich!

Zitrone (Lemon): Bei den meisten Rezepten in diesem Buch verwende ich frische Zitronen erst am Schluss, um die Gerichte mit einer frischen Note abzurunden. Dafür presse ich die Zitronen frisch aus und gebe den Saft kurz vor dem Servieren zum Gericht. Besonders bei Chutneys und Dips darf etwas frischer Zitronensaft nicht fehlen.

Zwiebel (Pyaz): Zwiebeln sorgen in vielen Currys nicht nur für Geschmack, sondern geben der Sauce auch eine leicht dickliche Konsistenz. Dafür werden die Zwiebeln oft in einem kleinen Blitzhacker zu einer Paste gemixt. Außerdem sorgen Zwiebeln in einigen Gerichten für eine schöne goldbraune Farbe. Dafür werden Zwiebelstreifen in heißem Öl goldbraun gebraten. Entweder wird damit einfach weiter gekocht, oder man toppt die Speisen am Ende damit, wie beispielsweise Biryani, Pilau oder Nihari.

Tomaten (Tomatar): Tomaten sind einfach wunderbar und so vielfältig. Sie verleihen den Gerichten nicht nur eine leuchtend rote Farbe, sondern binden Saucen und verleihen eine süß-säuerlich-erfrischende Note. Im Sommer koche ich gerne mit frischen Tomaten. Im Winter verwende ich für meine pakistanischen Gerichte jedoch lieber gehackte Tomaten aus der Dose.

Minze (Pudina): In der pakistanischen Küche wird dieses Kraut wegen seiner schönen grünen Farbe und seines erfrischenden Geschmacks sehr geschätzt. Frische Minze wird oft in Chutneys, Marinaden und zum Servieren verwendet.

Joghurt (Dahi): Joghurt spielt eine vielseitige Rolle in der pakistanischen Küche. Er wird als Zutat in herzhaften Gerichten wie Currys, Biryanis und Kebabs verwendet, um zu einer cremigen Textur und einem milden Geschmack beizutragen. Zudem wird Joghurt oft als Beilage oder Dip serviert, um scharfe Gerichte auszugleichen und eine erfrischende Komponente hinzuzufügen.

Sonstige Zutaten auf Vorrat

Bockshornklee (Methi): Die Blätter von frischem Bockshornklee haben einen leicht bitteren und herzhaften Geschmack. Sie sind sehr gesund und kommen in der pakistanischen Küche oft in Kombination mit Linsen (Dals) und Kartoffeln (Aloos) zum Einsatz. In deutschen Supermärkten habe ich bisher leider noch keinen frischen Bockshornklee gefunden. Getrockneten Bockshornklee (Kasoori Methi) habe ich immer auf Vorrat da. Damit verfeinere ich meine Currys, ganz besonders meine Dal-Gerichte. Bockshornkleesamen sind kantig und haben eine hellbraune Farbe. Sie werden in vielen Currys und zum Würzen von Eingelegtem verwendet.

Rohrzucker (Gurr): Rohrzucker ist unraffinierter Zucker, der aus Zuckerrohr gewonnen wird. Pakistan ist reich an Zuckerrohrpflanzen, deshalb findet man auch überall auf der Straße Stände mit frisch gepresstem Zuckerrohr. Als Kinder haben wir es geliebt, an einem frischen Zuckerrohr zu knabbern. Rohrzucker wird hauptsächlich in Nachspeisen und Chai verwendet.

Kichererbsenmehl (Besan): Dieses hellgelbe, fein gemahlene Mehl, hergestellt aus Kichererbsen, darf in keinem pakistanischen Haushalt fehlen. Verwendung findet es in unterschiedlichen Currys, Broten und Teigen, und es ist eine super vegane Ei-Alternative zum Binden von Zutaten, etwa bei Pakoras.

Chapati-Mehl (Atta): Chapati-Mehl ist wohl die wichtigste Zutat in einem pakistanischen Haushalt. In vielen Familien werden Chapatis (Rotis) täglich frisch zubereitet. Dafür wird spezielles Chapati-Mehl verwendet. Dieses findest du in allen indisch-pakistanischen Supermärkten. Falls du keinen solchen Supermarkt in deiner Nähe hast, kannst du auch Weizenmehl (Type 1050), Dinkelmehl (Type 1050) oder Dinkelvollkornmehl verwenden. Eine Mischung aus diesen Mehlsorten funktioniert ebenfalls.

Ghee: Ghee ist geklärte Butter und ein wesentlicher Bestandteil vieler traditioneller Gerichte. Es hat einen reichen, nussigen Geschmack und eine goldene Farbe. Ghee wird durch Erhitzen von Butter gewonnen, wobei das Wasser verdampft und die Milchbestandteile sich an der Oberfläche absetzen. Meine Oma hat schon immer Ghee auf Vorrat zubereitet und am Schluss ihre noch warmen Speisen damit verfeinert. Der Geschmack von leicht geschmolzenem Ghee in Kombination mit Currys und Dals ist einfach unfassbar lecker! Ghee lässt sich ganz einfach selbst herstellen (siehe Seite 181).

Tamarind (Imli): Tamarind, auch als Tamarinde bekannt, ist eine Frucht mit einer süß-sauren Geschmacksnote. Sie verleiht Gerichten eine erfrischend säuerliche Note. Aus der Tamarindenpulpe wird Tamarindensaft gewonnen, der in vielen pakistanischen Gerichten als natürlicher Geschmacksverstärker dient. Tamarind wird häufig in Chutneys und Saucen verwendet.

Rosenwasser (Gulab ka Pani): Rosenwasser ist ein aromatisiertes Wasser, das aus Rosenblüten hergestellt wird. Es hat einen subtilen, blumigen Geschmack und ein angenehmes Aroma. Rosenwasser wird oft in Süßspeisen, Desserts und Getränken verwendet, um ihnen einen Hauch von Eleganz und Frische zu verleihen. Ich empfehle, mit Rosenwasser sparsam umzugehen. Zu viel kann schnell ein komplettes Gericht ruinieren, weil es zu künstlich schmeckt.

Das Equipment

Bei den meisten Rezepten in diesem Kochbuch kommt man sehr gut ohne spezielles Equipment aus. Trotzdem habe ich dir eine kleine Liste an nützlichen Utensilien erstellt, die man in jedem pakistanischen Haushalt findet.

Stein- oder Granitmörser: Meinen Mörser benutze ich meistens für meine Knoblauch-Ingwer-Paste. Man könnte den Knoblauch und den Ingwer alternativ auch klein schneiden, aber aus jahrelanger Erfahrung weiß ich, dass deren Geschmack besser zur Geltung kommt, wenn man sie in einem Mörser zerstampft. Gerne zerstoße ich auch geringe Mengen an Koriandersamen darin, um Gerichte damit zu verfeinern.

Blitzhacker: Ein Blitzhacker oder Mini-Zerkleinerer eignet sich hervorragend für selbstgemachte Curry-Pasten und Chutneys. Ich habe festgestellt, dass hier kleinere Geräte ein viel besseres Ergebnis liefern, da man im Gegensatz zu größeren Küchenmaschinen nur sehr wenig Flüssigkeit benötigt. Denn je feiner und konzentrierter eine Paste oder ein Chutney gemixt ist, desto intensiver wird auch der Geschmack. Außerdem ist die Konsistenz viel geschmeidiger. Auch kleinere Mengen, wie etwa ein bis zwei Zwiebeln, können darin besser gemixt werden. Gute Blitzhacker findet man heutzutage preisgünstig und in guter Qualität.

Gewürz- oder Kaffeemühle: Falls dein Zerkleinerer keine Funktion zum Mahlen von Gewürzen hat, empfehle ich eine kleine Kaffee- oder Gewürzmühle. Damit mahle ich meine Gewürzmischungen auf Vorrat und spare mir jede Menge unnötige Verpackung und Geld an Fertigmischungen.

Schnellkochtopf: Für einige Rezepte in diesem Buch empfiehlt sich ein Schnellkochtopf, um die Kochzeit zu verkürzen, zum Beispiel bei Chana Dal, das eine vergleichsweise lange Garzeit hat, oder auch bei einigen Fleischgerichten. Allerdings rate ich dir, einen Schnellkochtopf nur dann zu benutzen, wenn du dich damit auskennst und mit seiner Funktionsweise vertraut bist.

Tarka - ein Trick aus der pakistanischen Küche

Bei vielen Rezepten in diesem Buch stößt du auf das Wort »Tarka« (auch bekannt als Tadka, Bagari oder Chownk). Tarka ist eine Kochtechnik aus Pakistan, bei der ganze oder gemahlene Gewürze in heißem Fett gebraten werden, um ihre ätherischen Öle freizusetzen und ihnen so ihr ganzes Aroma zu entlocken. Tarka wird entweder gleich zu Beginn zubereitet und der Speise beigefügt oder kommt am Ende in das fertige Gericht. Dies sorgt für zusätzlichen Geschmack und mehr Textur. Außer in Pakistan ist diese Technik auch in anderen Ländern wie Indien, Bangladesch und Sri Lanka verbreitet. Typisch ist die Zugabe von Tarka in ein fertiges Dal (Linsengericht).

Tarka – die Zubereitung

Für das Tarka wird zunächst etwas Öl in einer möglichst kleinen, aber tiefen Pfanne erhitzt. Dann werden die Gewürze hinzugefügt und etwa 30 Sekunden angeröstet, bis sie anfangen zu springen. Zum Verfeinern kann man zum Öl etwas Butter hinzugeben, das ist aber kein Muss. Die gebratenen Gewürze werden kurz vor dem Servieren zusammen mit dem Öl über dem Gericht verteilt.

Welche Gewürze gehören ins Tarka?

Die Klassiker sind ganze Samen von Kreuzkümmel, Koriander, Senf und Bockshornklee, aber auch gemahlene Gewürze wie Chili- oder Paprikapulver werden verwendet. Auch andere Würzzutaten wie frische Chili, getrocknete Chili und Curryblätter sind typisch für ein Tarka. Bei Dal-Gerichten werden zusätzlich gehackte Knoblauchzehen und frischer Ingwer verwendet. Falls gemahlene Gewürze verwendet werden, die Pfanne nur bei niedriger bis mittlerer Temperatur erhitzen, um zu vermeiden, dass die Gewürze verbrennen.

Welches Öl eignet sich am besten?

Damit die Gewürze ihre ätherischen Öle freisetzen, müssen sie auf hoher Temperatur gebraten werden. Deshalb ist die richtige Sorte Fett entscheidend. Olivenöl ist zum Beispiel nicht empfehlenswert, denn bei zu hohen Temperaturen würde es verbrennen. Eine gute Wahl sind stattdessen Ghee (geklärte Butter), Butterschmalz oder Sonnenblumenöl.

Typische Tarka-Würzmischungen

Chili-Kreuzkümmel-Tarka

- 2 EL Ghee oder Sonnenblumenöl
- 1 TL Kreuzkümmelsamen
- 2 getrocknete Chilis (optional)
- 1 TL Chilipulver (scharf)
- 1 TL Paprikapulver

Das Öl in einer kleinen, tiefen Pfanne erhitzen. Den Kreuzkümmel und die Chilischote kurz darin anbraten, bis sie anfangen zu springen. Dann das Chili- und das Paprikapulver dazugeben und alles schwenken. Kurz vor dem Servieren über das Gericht verteilen.

Knoblauch-Ingwer-Tarka

- 1 frische Chilischote (optional)
- 2 EL Ghee oder Sonnenblumenöl
- 1 TL Kreuzkümmelsamen
- 2 Knoblauchzehen, gehackt
- 20 g frischer Ingwer, gehackt

Die Chilischote (falls verwendet) nach Belieben klein hacken. Das Öl in einer kleinen, tiefen Pfanne erhitzen. Den Kreuzkümmel, die Chilischote (falls verwendet), den Knoblauch und den Ingwer kurz darin anrösten, bis die Samen anfangen zu springen. Vor dem Servieren über das Gericht verteilen.

Allgemeine Hinweise zu den Rezepten

Zutaten

- Chilipulver: Es ist immer rotes (scharfes) Chilipulver gemeint.
- Die Mengenangaben sind ungefähre Werte.
- Die angegebenen Mengen für Öl orientieren sich an der Größe meiner Töpfe. Zur Orientierung: Der Boden der verwendeten Pfanne bzw. des Topfs sollte knapp bedeckt sein.
- Wer kein Korianderkraut mag, verwendet stattdessen frische glatte Petersilie oder verzichtet einfach ganz darauf.
- Mit frischen Chilischoten sind immer die kleinen, grünen Thai-Chilis gemeint. Wer es nicht ganz so scharf mag, entfernt einfach die innenliegenden Samenstränge.
- Die Schärfe der Gerichte kann jederzeit variiert werden. Wenn Kinder mitessen (oder Menschen, die mit Schärfe nicht so gut klarkommen), reduziert man einfach die Mengen oder verzichtet ganz auf scharfe Zutaten.
- In der pakistanischen Küche wird sehr selten mit Sahne oder Frischkäse gekocht. Verspürt man Lust auf etwas Deftiges, wählt man am besten eine von den vielen frittierten Speisen.
- Kala Namak ist ein künstlich hergestelltes Würzsalz mit leicht schwefeligem Geruch und einem Geschmack, der an Ei erinnert.
- Orangenblütenwasser: verströmt einen wunderbaren Duft und gibt Süßspeisen ein sehr authentisches Aroma.

Nützliche Küchenutensilien

- Mörser
- Blitzhacker
- scharfes Messer und Schneidbrett
- Nudelholz
- Reibe
- Schnellkochtopf

Frühstück und Snacks

Wie wir in Pakistan essen – Frühstück

In Pakistan isst man zum Frühstück am liebsten Parathas, das sind gefüllte Fladenbrote mit Butter und einer pikanten Füllung. Wenn in früheren Zeiten vom Vortag ein Salan (Curry) übrig war, wurde es am nächsten Tag in Fladenbrot gepackt, ausgerollt und mit etwas Butter von beiden Seiten angebraten.
So entstand Paratha. Inzwischen gibt es davon diverse Varianten, beispielsweise Gobi Paratha, Muli ka Paratha, Aloo Paratha oder einfaches Paratha. Dazu wird immer eine warme Tasse Chai und Naturjoghurt serviert.
Klassische Frühstücksvarianten aus dem Bereich Streetfood sind Chana (Chole) Bhatura oder Halwa Puri. Diese sind besonders beliebt bei Touristen und Arbeitern, die morgens schon zeitig aus dem Haus gehen, ohne zu frühstücken. Dies kann man so unterwegs nachholen.
Im Folgenden stelle ich dir Gerichte vor, die ich von zu Hause kenne sowie die typischen Frühstücksvarianten aus der Streetfood-Szene.

Notizen von Mama

Zum Frühstück gab es sehr oft Parathas, meistens gefüllt mit einer pikanten Rettichfüllung. Diese hat meine Mama immer schon einen Tag vorher zubereitet. Sie ist in der Früh aufgestanden und hat den klassischen Teig aus Mehl, Wasser und Salz hergestellt und brachte so ratzfatz frische, warme Parathas für die ganze Familie auf den Tisch.

Wenn es mal keine Parathas gab, machte sie für uns Kinder Bajre ki Roti. Bajra ist eine Art von Hirse. Aus deren Mehl, Wasser und Salz knetete sie einen Teig, und daraus wurden über dem offenen Feuer Fladenbrote gebacken. Diese schnitt sie dann klein und vermischte sie mit Joghurt und Mangostücken. Eine einfache und vollwertige Mahlzeit, ähnlich wie unser Porridge. Ein weiteres Frühstück aus dem Alltag waren einfache und schnelle Eierspeisen, wie zum Beispiel Omelett, Pyaz wala Anda (Zwiebeln mit Eiern) oder gekochte Eier mit Chai.

Aloo Paratha
Fladenbrot gefüllt mit Kartoffeln

Aloo bedeutet »Kartoffel«, und Paratha ist ein buttriger Fladen, der mit verschiedenen Zutaten gefüllt wird. In Pakistan genießt man Paratha meist mit einem erfrischenden Joghurtdip, scharf eingelegtem Gemüse und einer leckeren, warmen Tasse Chai. Wichtig bei Aloo Paratha ist, dass die Füllung möglichst klumpenfrei ist. Deshalb reibe ich die Zwiebel, um Stückchen in der Füllung zu vermeiden. Am besten gelingen Aloo Parathas in einer beschichteten Pfanne.

FÜR 5 STÜCK I 30 MINUTEN

4 mittelgroße vorwiegend festkochende Kartoffeln
2–3 TL Salz
500 g Weizenmehl (Type 1050) + etwas mehr zum Bearbeiten
1 EL neutrales Pflanzenöl zum Bestreichen
1 Zwiebel
1 Handvoll frischer Koriander
1 Handvoll frische Minze
1 TL Koriandersamen
½ TL gemahlene Kurkuma
1 TL gemahlener Koriander
1 TL Chilipulver
1 TL Chiliflocken
2 EL Granatapfelsirup
frisch gemahlener schwarzer Pfeffer nach Geschmack
etwas Butter zum Braten

Die Kartoffeln waschen und in einem Topf mit leicht gesalzenem Wasser in etwa 30 Minuten weich kochen. Dann abgießen, ausdampfen und abkühlen lassen.

Für den Teig das Mehl und ½ TL Salz in einer Rührschüssel mischen. Nach und nach 250 ml lauwarmes Wasser zugießen und alles zu einem glatten, geschmeidigen Teig verarbeiten. Der Teig sollte nicht klebrig sein. Die Masse zu einer Kugel formen, mit Öl bestreichen (damit er nicht austrocknet) und abgedeckt etwa 10 Minuten ruhen lassen.

Für die Füllung die Zwiebel schälen und fein hacken. Außerdem den Koriander und die Minze fein hacken. Die Koriandersamen im Mörser zerstoßen. Die abgekühlten Kartoffeln pellen und in einer Schüssel zerstampfen, bis keine Stückchen mehr vorhanden sind.

Die Zwiebelwürfel, das Kurkumapulver, den gemahlenen Koriander, das Chilipulver und die -flocken, den Granatapfelsirup und die Kräuter zu den Kartoffeln geben und alles mit den Händen gründlich vermischen. Mit Salz und Pfeffer abschmecken.

Eine etwa handtellergroße Menge Teig abnehmen und rund formen. Eine Arbeitsfläche dünn mit Mehl bestäuben und den Teig darauf zu einem Kreis von etwa 20 cm Durchmesser ausrollen. 2 EL der Kartoffelfüllung daraufgeben und gleichmäßig verteilen, dabei rundherum einen etwa 1½ cm breiten Rand frei lassen. Den Teig zusammenklappen und vorsichtig mit den Fingern noch enthaltene Luft ausstreichen.

Die Ränder gründlich zusammendrücken, sodass die Füllung komplett eingeschlossen ist. Den Teigfladen mit einer Teigrolle vorsichtig flach ausrollen, dabei auch an den Rändern entlangrollen und die Nähte verschließen. Mit dem übrigen Teig ebenso verfahren.

Eine beschichtete Pfanne erhitzen. Die Teigfladen hineingeben, ohne Fett anrösten und nach etwa 30 Sekunden wenden. Die Fladen dann von beiden Seiten mit Butter bestreichen und goldbraun fertig braten.

Chana Bhatura
Kichererbsencurry mit frittiertem Brot

Chana oder auch Chole Bhatura ist in Pakistan ein beliebtes Streetfood-Gericht. Es besteht aus zwei Komponenten, nämlich aus pikantem Kichererbsencurry und frittiertem, dünnem Brot. Chole (oder Chana) bedeutet »Kichererbsen« und Bhatura (auch Puri genannt) ist das frittierte Brot dazu. Das Rezept für Puri findest du auf Seite 101. Chana Bhatura wird gern zum Frühstück gegessen und mit einem Glas erfrischendem Mango-Lassi (Seite 159) serviert.

FÜR 4 PERSONEN I 30 MINUTEN

FÜR DAS CURRY

2 Zwiebeln
3 Knoblauchzehen
10 g frischer Ingwer
200 g Tomaten
ca. 80 ml neutrales Pflanzenöl zum Bestreichen
1 TL Kreuzkümmelsamen
1 TL Chilipulver
1 TL Paprikapulver
1 EL gemahlener Koriander
1 TL gemahlene Kurkuma
1 TL Garam Masala
500 g vorgekochte Kichererbsen
200 ml Aquafaba (Einlege- oder Kochwasser der Kichererbsen)
Salz und frisch gemahlener schwarzer Pfeffer nach Geschmack

ZUM SERVIEREN

1 Handvoll frisches Koriandergrün, gehackt
Puri (Seite 101)

Die Zwiebeln schälen und möglichst fein reiben, pürieren oder ganz fein hacken. Den Knoblauch und den Ingwer schälen, dann in einem Mörser zu einer Paste zerreiben. Die Tomaten pürieren oder möglichst klein würfeln. Das Öl in einem Wok oder tiefen Topf erhitzen. Den Kreuzkümmel in das heiße Öl geben und kurz (etwa 15 Sekunden) warten, bis er anfängt zu springen. Dann die pürierten bzw. fein geriebenen Zwiebeln dazugeben und 3-4 Minuten bei mittlerer Temperatur anschwitzen.

Die Knoblauch-Ingwer-Paste, die pürierten bzw. gewürfelten Tomaten und die Gewürze hinzufügen und 2-3 Minuten scharf anbraten. Anschließend etwas kaltes Wasser angießen.

Bei mittlerer Temperatur mit geschlossenem Deckel weitere 6-8 Minuten köcheln lassen, bis das Öl nach oben aufsteigt. Nun die vorgekochten Kichererbsen mit dem Kichererbsenwasser und 4 EL Wasser hinzufügen. Weitere 4-6 Minuten köcheln lassen. Zuletzt mit Salz und Pfeffer abschmecken.

In einer kleinen Schale anrichten, mit dem frischen Koriander bestreuen und die Bhaturas dazu reichen.

TIPP

Zu Chana (oder Chole) Bhatura passt knackiges rohes Gemüse wie rote Zwiebeln, Tomaten und Gurken. Für noch mehr authentischen Geschmack gibt man am Schluss noch etwas Chili-Kreuzkümmel-Tarka (Seite 35) darüber.
Je nach Geschmack kann das Curry durch Zugabe von mehr Flüssigkeit etwas verlängert gemacht werden.

Masala-Omelett mit Toast

Damit die Gewürze im Masala-Omelett sich gleichmäßig verteilen, hat meine Mama diese vorher immer in etwas Milch gegeben, alles gut verrührt und dann erst die Eier hinzugefügt. Wichtig hierbei ist, nicht zu viel Milch zu nehmen, sonst wird das Omelett zu flüssig. Dazu gab es dann immer goldbraun gebackene Toastscheiben mit einer Tasse Chai – ein Traum!

FÜR 2 PERSONEN | 10 MINUTEN

½ frische Chilischote
30 ml Milch
½ TL Chilipulver
½ TL gemahlene Kurkuma
4 Eier (Größe M)
½ Tomate
1 Handvoll frisches Koriandergrün
2 EL Butter oder neutrales Pflanzenöl zum Braten + etwas mehr für den Toast
Salz und frisch gemahlener schwarzer Pfeffer nach Geschmack
4 Scheiben Toastbrot

Die Chili hacken und mit der Milch, dem Chilipulver und der gemahlenen Kurkuma in einer Schüssel gründlich vermischen. Die Eier hinzufügen und mit einem Schneebesen ordentlich verquirlen, bis eine homogene Masse entstanden ist. Die Tomate und das Koriandergrün fein hacken. Zur Eiermischung geben und alles nochmal gut verrühren.

Die Butter oder das Öl in einer beschichteten Pfanne erhitzen. Die Eiermischung in die Pfanne gießen und diese leicht schwenken, damit sich der Teig gleichmäßig verteilt. Das Omelett von beiden Seiten anbraten, dann aus der Pfanne nehmen.

In dieselbe Pfanne noch einmal 1 EL Butter oder Öl geben und die Toastscheiben darin von beiden Seiten goldbraun rösten. Die Toastscheiben zum Omelett auf einen Teller geben und mit einer Tasse Chai servieren.

TIPP

Masala-Omelett lässt sich ganz nach Belieben mit klein geschnittenem Gemüse, wie zum Beispiel Paprika, Zucchini oder roten Zwiebeln, abwandeln.

Pyaz wala Anda
Rührei mit Zwiebel

Pyaz wala Anda bedeutet wortwörtlich: »Das Ei mit den Zwiebeln«. Es ist ein einfaches und unkompliziertes Frühstück aus nur zwei Hauptzutaten: Zwiebeln und Eiern. Die Zwiebelstreifen werden auf niedriger Temperatur weich geschmort, das ist der einzige Schritt, der etwas länger dauert. Ansonsten geht es ratzfatz. Währenddessen hat meine Mama schon mal den Chai aufgesetzt und warme Rotis zubereitet – ein wirklich einfaches und leckeres Frühstück.

FÜR 2 PERSONEN | 15 MINUTEN

FÜR DAS RÜHREI

- 4 große Zwiebeln
- 1 frische Chilischote
- ca. 50 ml neutrales Pflanzenöl zum Braten
- 1 TL Kreuzkümmelsamen
- 1 TL gemahlene Kurkuma
- 1 TL Chilipulver
- 1 TL Paprikapulver
- 4 Eier (Größe M)
- Salz und frisch gemahlener schwarzer Pfeffer nach Geschmack

ZUM SERVIEREN

- 1 Handvoll Koriandergrün, gehackt
- 1 TL rotes Chilipulver (alternativ 1 rote Chili, fein gehackt)

Die Zwiebeln schälen und in längliche Streifen schneiden. Die Chili entkernen und hacken.

Das Öl in einer tiefen Pfanne erhitzen. Die Zwiebelstreifen mit dem Kreuzkümmel darin auf niedriger Stufe anschwitzen, bis sie weich sind (aber nicht bräunen). Das kann bis zu 10 Minuten dauern.

Anschließend die gehackte Chilischote hinzufügen. Mit der Kurkuma, dem Chili- und dem Paprikapulver würzen und etwa 20 Sekunden weiterbraten.

Die Eier nebeneinander auf die leicht brutzelnden Zwiebeln aufschlagen. Vorsichtig vermischen und weiterbraten, bis die Eier durch sind.

Mit frischem Koriander und Chilipulver bestreut servieren.

TIPP

Dazu reicht man am besten ein frisches, warmes Fladenbrot (wie z. B. Roti, Naan oder Paratha) sowie Tomaten- und Gurkenstücke.

Halwa Puri

Halwa Puri ist in Pakistan ein sehr beliebtes Frühstücksgericht. Es gehört zu den beliebtesten Streetfood-Gerichten, wird aber auch gerne zu Hause zubereitet, um Familie oder Freunde zu verwöhnen. Es besteht aus zwei Komponenten: Halwa (süßer Grieß) und Puri (frittiertes Brot - auch Bhatura genannt). Das Rezept für Puri findest du auf Seite 101. Halwa hat fünf Hauptzutaten: Weizengrieß, Ghee, Zucker, Milch und Wasser. Auf den ersten Blick scheint es viel Ghee zu sein, aber so wird es traditionell zubereitet. Meine Mutter verwendet für ihr Halwa-Rezept gerne eine Mischung aus Milch und Wasser. Man kann aber auch nur Milch oder nur Wasser nehmen.

FÜR 2 PERSONEN | 20 MINUTEN

FÜR DAS HALWA

- 120 g Ghee
- 120 g Weichweizengrieß
- 120 ml Milch
- 120 g Zucker
- ¼ TL gemahlener Kardamom
- ¼ TL Safranfäden
- 1 EL Rosinen
- 1 EL gehackte Mandelkerne
- 1 EL gehackte Pistazienkerne

AUSSERDEM

- Puri (Seite 101)

Eine Pfanne oder einen Wok auf niedriger bis mittlerer Stufe erhitzen und das Ghee darin schmelzen lassen. Den Grieß unter Rühren einstreuen und unter ständigem Rühren vorsichtig rösten, bis er leicht zu bräunen beginnt, und einen herrlichen Duft verströmt. Achtung! Der Grieß verbrennt schnell, daher die Temperatur nicht zu hoch einstellen und stetig rühren.

Die Milch und 120 ml Wasser angießen und das Halwa unter Rühren bei mittlerer Temperatur erhitzen, bis eine homogene Mischung entstanden ist. Mit Kardamom und Safran würzen und abgedeckt weitere 2-3 Minuten bei niedriger Temperatur köcheln lassen.

Dann den Zucker zugeben und bei mittlerer Temperatur weiterrühren, bis das Halwa leicht eindickt.

Zum Schluss die Rosinen, die gehackten Mandelkerne und die gehackten Pistazien hinzufügen und vorsichtig unter das Halwa heben.

Das Halwa mit Puri servieren.

TIPPS

Je nach Geschmack kann die Konsistenz durch Zugeben von mehr oder weniger Flüssigkeit angepasst werden. Zu beachten ist, dass das Halwa nach dem Kochen weiter quillt. Man kann das Halwa mit Puri servieren, es schmeckt aber auch sehr gut allein.

Mini-Pakoras
Frittierte Gemüsehäppchen

Pakoras sind frittierte Gemüsehäppchen in Kichererbsenmehl. Sie sind super lecker und schnell gemacht. Der Kreativität sind hier keine Grenzen gesetzt. Es gibt unzählige Varianten: Spinat-Pakora, Hähnchen-Pakora, Gemüse-Pakora, Fisch-Pakora usw. Ich habe mich hier für die klassische Variante mit Zwiebeln und Kartoffeln entschieden. Man sollte versuchen, bei der Pakora-Masse zunächst ohne die Zugabe von Wasser auszukommen. Die Zwiebeln geben Flüssigkeit ab, wodurch sich die Masse in der Regel gut bindet. Falls nötig, gibt man noch etwas Wasser dazu.

10 KLEINE PAKORAS | 20 MINUTEN

3 mittelgroße Zwiebeln
1 Handvoll frisches Koriandergrün
1 mittelgroße vorwiegend festkochende Kartoffel
1 TL Koriandersamen
1 EL gemahlener Koriander
120 g Kichererbsenmehl
1 frische Chilischote
1 TL Chilipulver
½ TL gemahlene Kurkuma
¼ TL Backpulver
Salz nach Geschmack
neutrales Pflanzenöl zum Frittieren

Die Zwiebeln schälen, in längliche Streifen schneiden und in eine große Schüssel geben. Den frischen Koriander klein hacken. Die Kartoffel schälen und fein reiben (alternativ in möglichst feine Streifen schneiden). Die Koriandersamen in einem Mörser grob zerstoßen. Alles zu den Zwiebeln geben.

Die übrigen Zutaten außer dem Öl hinzufügen. Alles gut durchmischen, dabei fest pressen. So geben die Zwiebeln Flüssigkeit ab. Diese wird benötigt, um das Kichererbsenmehl zu binden. Wenn zu wenig Flüssigkeit ausgetreten ist, etwas Wasser dazugeben (etwa 50-100 ml).

Reichlich Öl in einer tiefen Pfanne erhitzen. Löffelweise kleine Portionen Teig ins heiße Öl geben und goldbraun frittieren. Dann die Pakoras aus dem Fett heben und auf Küchenpapier abtropfen lassen.

Die Pakoras mit einem erfrischenden Raita (Seite 166), Tamarinden-Chutney (Seite 169) oder einfach nur mit Ketchup servieren. Dazu passt eine warme Tasse Chai.

TIPPS UND ANMERKUNGEN

Die Pakoras können auch zu Pakora Dahi Kadhi (Seite 108) weiterverarbeitet werden.

Falls man doch zu viel Wasser dazugegeben hat, einfach mehr Kichererbsenmehl untermischen, bis die Masse die gewünschte Konsistenz hat.

Aloo Tikki
Kartoffeltaler

FÜR 14 KLEINE TIKKIS | 50 MINUTEN

5 mittelgroße vorwiegend festkochende Kartoffeln (ca. 600 g)
Salz
1 rote Zwiebel
2 frische Chilischoten
8 Blätter frische Minze
50 g frisches Koriandergrün
4 TL Maismehl
1 TL Chiliflocken
½ TL gemahlene Kurkuma
1 TL Kreuzkümmelsamen
1 TL gemahlener Koriander
1 EL Granatapfelsirup
Pflanzenöl zum Ausbacken

Die Kartoffeln in einem Topf in ausreichend gesalzenem Wasser weich kochen. Dann abgießen und komplett auskühlen lassen.

Inzwischen die Zwiebel schälen und fein reiben. Die Chilischote, die Minze und den Koriander hacken.

Die kalten Kartoffeln in einer großen Schüssel zerdrücken und alle restlichen Zutaten (bis auf das Öl) hinzufügen. Alles gründlich vermischen, bis eine weiche, aber formbare Masse entsteht. Diese in etwa 14 gleich große Portionen teilen, zu Kugeln formen und vorsichtig flach drücken.

Das Öl in einer Pfanne erhitzen und die Tikkis darin von beiden Seiten bei mittlerer Temperatur goldbraun anbraten.

Die Kartoffeltaler mit einem Chutney nach Wahl oder einem Joghurt-Dip servieren.

TIPPS UND ANMERKUNGEN

Damit die Tikkis gelingen, müssen die Kartoffeln gut zerdrückt werden. Das macht man entweder mit einem Kartoffelstampfer, oder man drückt sie durch eine Kartoffelpresse. Aloo Tikki (auch bekannt als Aloo ki Tikki) können auch auf Vorrat vorbereitet und eingefroren werden.

Bhuna Chana
Geröstete Kichererbsen

Der Duft frisch gerösteter Masala-Kichererbsen ist aus den Straßen Pakistans nicht wegzudenken. Geröstete Kichererbsen gehören zu den beliebtesten Snacks der Streetfood-Szene. Sie werden noch warm in Zeitungspapier gewickelt serviert. Damit sie besonders knusprig werden, ist es wichtig, die vorgekochten Kichererbsen vorher gut zu trocknen. Je trockener, desto knuspriger!

FÜR 2 PERSONEN

1 Dose vorgekochte Kichererbsen (ca. 250 g Abtropfgewicht)
3 EL Olivenöl
½ TL Kurkumapulver
1 TL rotes Chilipulver
1 TL Knoblauchpulver
½ TL Mangopulver (optional)
⅓ TL Garam Masala
½ TL Korianderpulver
Salz nach Geschmack
2 EL frisch gepresster Zitronensaft
2 El frische gehackte Petersilie (optional)

Den Backofen auf 180 °C Ober-/Unterhitze vorheizen. Ein Backblech mit Backpapier auslegen und zunächst beiseitestellen.

Die Kichererbsen abgießen, abspülen und abtropfen lassen. Dann mit einem sauberen Geschirrtuch gründlich trocknen.

Alle Zutaten außer dem Zitronensaft und der Petersilie in eine Schüssel geben und gut miteinander vermischen.

Die Kichererbsen auf dem vorbereiteten Backblech verteilen und im Ofen auf der mittleren Schiene etwa 30 Minuten backen, bis die Kichererbsen knusprig sind. Nach der Hälfte der Zeit den Backofen öffnen und die Kichererbsen vermischen, damit sie gleichmäßig backen.

Die Kichererbsen nach dem Backen in eine Schüssel geben.

Mit Zitronensaft und Petersilie toppen und genießen.

TIPP
Mit einer Salatschleuder werden die Kichererbsen sehr gut trocken.

Alltagsgerichte

Wie wir in Pakistan essen
Alltag

Das Essen im Alltag besteht in Pakistan oft aus einem »Salan« (Curry). Dazu wird meist das Fladenbrot Roti gereicht, das in fast jedem Haushalt frisch zubereitet wird, oft sogar mehrmals am Tag. Viele haben spezielle Lehmöfen zu Hause, in denen schnell viele frische Rotis für die ganze Familie gebacken werden können.

Ein Salan kann aus Linsen, Fleisch oder Gemüse der Saison bestehen. Gemüse wird oft mit Kartoffeln (Aloo) kombiniert, z. B. Aloo Baingan (Kartoffel-Auberginen-Curry, Seite 64), Aloo Gobi (Kartoffel-Blumenkohl-Curry, Seite 68) oder Aloo Palak (Kartoffel-Spinat-Curry, Seite 67). Zur Abwechslung gibt es auch mal gedämpften Basmatireis, aber die meisten Pakistaner schwärmen vor allem für ein warmes, frisches Roti.

Auch im Alltag wird so viel gekocht, dass es für spontanen Besuch immer reicht.

Aloo Baingan
Kartoffel-Auberginen-Curry

FÜR 4 PERSONEN | 40 MINUTEN

FÜR DAS CURRY

4 Auberginen
5 Knoblauchzehen
15 g frischer Ingwer
2 große Zwiebeln
4 Tomaten
2 EL Ghee oder Pflanzenöl zum Braten
1 TL Chilipulver
1 TL gemahlener Koriander
1 TL Paprikapulver
1 TL Garam Masala
Salz und frisch gemahlener schwarzer Pfeffer nach Geschmack
4 vorwiegend festkochende Kartoffeln

AUSSERDEM

frisches Koriandergrün, gehackt
etwas Butter

Die Auberginen waschen und in 2-3 cm dicke Würfel schneiden. Den Knoblauch und den Ingwer schälen, dann in einem Mörser zu einer Paste verarbeiten. Die Zwiebeln schälen und ebenso wie die Tomaten klein würfeln.

Das Ghee in einer großen, tiefen Pfanne erhitzen. Die Zwiebeln und die Knoblauch-Ingwer-Paste darin bei mittlerer Temperatur anschwitzen. Dann die Gewürze dazugeben und 10-20 Sekunden auf hoher Stufe anrösten.

Die gewürfelten Tomaten hinzufügen und etwa 30 Sekunden bei hoher Temperatur erhitzen. Anschließend bei mittlerer Temperatur 1-2 Minuten weitergaren und gelegentlich rühren, bis die Tomaten weich sind.

Die Kartoffeln schälen und würfeln und zusammen mit den Auberginen dazugeben. Die Zutaten weiter schmoren, bis die Auberginen rundherum von der Tomatensauce überzogen und schon etwas weich sind.

Mit etwa 200-250 ml Wasser ablöschen. Nach Geschmack noch einmal salzen und kurz aufkochen lassen. Auf niedriger Stufe bei geschlossenem Deckel so lange köcheln, bis die Auberginen und die Kartoffeln durch sind. Die Auberginen sollten butterweich sein. Das dauert etwa 10-15 Minuten. Falls nötig, etwas Wasser angießen.

Das Kartoffel-Auberginen-Curry zum Servieren mit frischem Koriander toppen und mit Basmatireis oder Fladenbrot genießen.

TIPP

Naturjoghurt oder ein erfrischendes Raita (Seite 166) passen super dazu!

Aloo Palak
Kartoffel-Spinat-Curry

FÜR 4 PERSONEN | 35 MINUTEN

FÜR DAS CURRY

600 g frischer Blattspinat
100 g frische Petersilie
4 vorwiegend festkochende Kartoffeln
4 Knoblauchzehen
15 g frischer Ingwer
3 frische Tomaten
2 große Zwiebeln
2 EL Ghee oder neutrales Pflanzenöl zum Anbraten
1 TL Senfsamen
1 TL Kreuzkümmelsamen
1 kleine Stange Zimt
1 TL Chilipulver
1 TL Paprikapulver
1 TL gemahlener Koriander
1 TL gemahlene Kurkuma
Salz und frisch gemahlener schwarzer Pfeffer
2 getrocknete rote Chilischoten

AUSSERDEM

1 TL Chiliflocken
1 TL Garam Masala
frisches Koriandergrün, gehackt

Den Blattspinat und die Petersilie klein hacken. Die Kartoffeln schälen und in grobe Stücke schneiden. Den Knoblauch und den Ingwer schälen und zusammen in einem Mörser zu einer Paste verarbeiten. Die Tomaten waschen und würfeln. Die Zwiebeln schälen und fein würfeln.

Das Ghee in einer Pfanne erhitzen. Die Senfsamen, den Kreuzkümmel und die Zimtstange darin etwa 30 Sekunden anrösten. Dann die Zwiebeln hinzufügen und bei mittlerer Temperatur anschwitzen.

Die Knoblauch-Ingwer-Paste und die übrigen Gewürze bis auf die Chilischoten dazugeben. Etwa 1 Minute mitbraten, danach mit den gehackten Tomaten ablöschen.

Die Kartoffeln und die getrockneten roten Chilischoten hinzufügen. Rundherum anbraten und nach Geschmack noch einmal salzen. Danach die Temperatur reduzieren und die Kartoffeln bei geschlossenem Deckel etwa 8 Minuten zu Ende garen.

Wenn die Kartoffeln weich sind, den Blattspinat und die Petersilie dazugeben. Erhitzen, bis der Spinat zusammengefallen ist. Zuletzt mit Salz und Pfeffer abschmecken. Zum Servieren die Chiliflocken, das Garam Masala und den Koriander über dem Curry verteilen.

TIPP

Wer keinen Mörser hat, kann den Knoblauch und den Ingwer auch fein hacken. Als Beilage empfehle ich Fladenbrot, Roti oder Basmatireis.

Aloo Gobi
Kartoffel-Blumenkohl-Curry

FÜR 4 PERSONEN | 40 MINUTEN

FÜR DAS CURRY

- 5 mittelgroße vorwiegend festkochende Kartoffeln
- 1 großer Kopf Blumenkohl
- 2 große Zwiebeln
- 5 Knoblauchzehen
- 15 g frischer Ingwer
- 5 große Tomaten
- 2 EL Ghee oder neutrales Pflanzenöl zum Anbraten
- 1 TL Kreuzkümmelsamen
- 1 TL Senfsamen
- 2 TL Korianderpulver
- 1 TL Chilipulver
- 1 TL Paprikapulver
- 1 TL Garam Masala
- Salz nach Geschmack

AUSSERDEM

- 1 Handvoll frisches Koriandergrün, gehackt
- 1 frische rote Chilischote, in Ringe geschnitten

Die Kartoffeln schälen, in grobe Stücke schneiden und in eine große Schüssel mit Wasser geben, damit sie etwas Stärke verlieren und beim Kochen nicht so sehr kleben.

Den Blumenkohl in Röschen teilen. Die Zwiebeln schälen und würfeln. Den Knoblauch und den Ingwer schälen und in einem Mörser zu einer Paste verarbeiten (alternativ fein hacken). Die Tomaten in grobe Stücke schneiden.

Das Ghee in einer Pfanne erhitzen und den Kreuzkümmel darin etwa 30 Sekunden anrösten. Die Zwiebeln dazugeben und bei mittlerer Temperatur anschwitzen.

Die Knoblauch-Ingwer Paste und die restlichen Gewürze hinzufügen und kurz mit anschwitzen. Dann mit den gehackten Tomaten ablöschen und alles kurz bei hoher Temperatur schmoren.

Die Kartoffeln abgießen und in die Pfanne geben. Nach Geschmack salzen und bei niedriger Temperatur so lange köcheln lassen, bis die Kartoffeln halb gar sind, also noch einen leichten Biss haben.

Die Blumenkohlröschen hinzufügen und das Curry weitere 15-20 Minuten bei geschlossenem Deckel auf mittlerer Stufe köcheln lassen, bis der Blumenkohl al dente ist. Falls nötig, zwischendurch etwas Wasser dazugeben.

Das Curry mit frischem Koriander und Chiliringen getoppt servieren.

Aloo Keema
Kartoffel-Hackfleisch-Pfanne

FÜR 4 PERSONEN | 40 MINUTEN

FÜR DIE HACKFLEISCH-PFANNE

2 Zwiebeln
2 große Tomaten
5 Knoblauchzehen
15 g frischer Ingwer
2 frische Chilischoten (optional)
4 vorwiegend festkochende Kartoffeln
neutrales Pflanzenöl zum Anbraten
500 g Rinderhackfleisch
1 TL Chiliflocken
1 TL Kreuzkümmelsamen
4 schwarze Pfefferkörner
Salz nach Geschmack

AUSSERDEM

2 EL getrockneter Bockshornklee
frisches Koriandergrün, gehackt

Die Zwiebeln schälen und mit den Tomaten in kleine Würfel schneiden. Den Knoblauch und den Ingwer schälen und zusammen in einem Mörser zu einer Paste verarbeiten. Falls verwendet, die Chilischoten fein hacken. Die Kartoffeln schälen und in mundgerechte Stücke schneiden.

Das Öl in einer tiefen Pfanne erhitzen und das Hackfleisch darin kurz scharf anbraten. Dann die Zwiebeln hinzufügen und weitere 1-2 Minuten bei mittlerer Temperatur mitbraten.

Die Knoblauch-Ingwer-Paste, die Chiliflocken, den Kreuzkümmel und die Pfefferkörner hinzufügen und 1-2 Minuten anbraten. Danach die Tomaten und die Kartoffeln dazugeben und kräftig anbraten, zum Schluss mit etwas Wasser (etwa 100 ml) ablöschen.

Nach Geschmack salzen und bei geschlossenem Deckel auf niedriger Temperatur köcheln lassen, bis die Kartoffeln durch sind.

Das Curry mit Bockshornklee und Koriander toppen und genießen.

TIPP

Dazu serviert man am besten Naan, Roti oder Basmatireis.

Murghi Ka Salan
Hähnchen-Curry

FÜR 4 PERSONEN | 45 MINUTEN

FÜR DAS CURRY

- 2 Zwiebeln
- 3 Tomaten
- 10 Knoblauchzehen
- 10 g frischer Ingwer + etwas mehr zum Servieren, in feine dünne Streifen geschnitten
- 2 frische Chilischoten + 1 mehr zum Servieren
- 50 ml neutrales Pflanzenöl zum Braten (z. B. Sonnenblumenöl)
- 1 ½ TL gemahlene Kurkuma
- 1 ½ TL Chilipulver
- 1 ½ TL Paprikapulver
- 1 ½ TL Korianderpulver
- 1 ½ TL Garam Masala
- 2 EL Tomatenmark
- 1 ganzes Huhn (evtl. bereits beim Kauf in der Metzgerei enthäutet und in mehrere Stücke zerlegt)
- Salz nach Geschmack

AUSSERDEM

- 1 Handvoll frisches Koriandergrün, gehackt

Die Zwiebeln schälen und in feine Würfel schneiden, ebenso die Tomaten. Den Knoblauch und den Ingwer schälen, dann fein hacken. Die Chilischoten nach Geschmack von den Samensträngen befreien und hacken.

Das Öl in einer großen, tiefen Pfanne erhitzen. Die Zwiebeln, den Knoblauch und den Ingwer darin 5-10 Minuten bei mittlerer Temperatur anschwitzen, bis die Zwiebeln glasig sind. Die Tomaten hinzufügen und kurz scharf anbraten. Dann bei geschlossenem Deckel bei mittlerer Temperatur etwa 10 Minuten köcheln lassen, bis alles schön weich ist.

Die Gewürze, die Chilischoten und das Tomatenmark dazugeben. Weitere 3-5 Minuten garen. Anschließend die Hähnchenstücke hinzufügen und rundherum scharf anbraten. Mit etwa 200 ml Wasser ablöschen und nach Geschmack salzen. Danach einmal aufkochen und bei geschlossenem Deckel auf niedriger bis mittlerer Stufe köcheln lassen, bis das Fleisch durch ist und das Öl sich oben absetzt.

Das Curry zum Servieren mit dem frischen Koriander, den Ingwerstreifen und nach Belieben mit in Ringe geschnittener Chili toppen.

TIPP

Falls die Sauce zu flüssig erscheint, bindet man sie mit einer Mehl-Wasser-Mischung.

Bhindi Masala
Okraschoten in Zwiebel-Tomaten-Sauce

Die Kunst bei diesem Gericht ist es, die Okraschoten wie eine Königin zu behandeln. Das bedeutet, dass sie auch nach dem Braten und Kochen ihre Form behalten sollten. Wichtig ist auch, den Zwiebeln genug Zeit zu lassen, um weich und glasig zu werden. Die Kombination aus den zarten Zwiebeln, den Tomaten und den Okras zergeht wie Butter im Mund – ein Traum!

FÜR 4 PERSONEN | 40 MINUTEN

FÜR DAS MASALA

- 500 g frische Okraschoten
- 4 Zwiebeln
- 2 Knoblauchzehen
- 4 Tomaten
- 100 ml neutrales Pflanzenöl
- ½ TL Kreuzkümmelsamen
- 1 TL gemahlene Kurkuma
- ½ TL Garam Masala
- 1 frische Chilischote, in Ringe geschnitten (optional)
- ½ TL Chilipulver
- 1 TL Salz + mehr zum Abschmecken

AUSSERDEM

- frisches Koriandergrün, gehackt

Die Stiele der Okras abschneiden und die Schoten in etwa 2 cm große Stücke schneiden. Die Zwiebeln schälen und in längliche Streifen schneiden. Den Knoblauch schälen und fein hacken. Die Tomaten in einem Mixer pürieren.

Das Öl in einem Wok oder einer großen Pfanne erhitzen. Die Okras darin etwa 3-5 Minuten braten, bis sie eine klebrige Flüssigkeit absondern. Dann möglichst ohne Bratfett aus der Pfanne nehmen und zur Seite legen.

In derselben Pfanne die Zwiebeln zusammen mit dem Kreuzkümmel bei mittlerer Temperatur anschwitzen, bis sie weich sind. Den Knoblauch und die übrigen Gewürze unterruhren und 2-3 Minuten mitbraten. Anschließend mit den pürierten Tomaten ablöschen und auf mittlerer Stufe köcheln. Nach Geschmack noch einmal salzen.

Die Okras zum Masala geben und bei geschlossenem Deckel auf niedriger Stufe köcheln lassen, bis die Okraschoten weich sind. Bei Bedarf etwa 100 ml Wasser zugießen und nochmals kurz köcheln lassen.

Das Masala mit frischem Koriander bestreut servieren.

TIPP

Wer keinen Mixer hat, hackt die Tomaten einfach klein. Als Beilage empfehle ich ein frisches, warmes Roti.

Tarka Chana Dal
Kichererbsen mit Knoblauch-Chili-Butter

Chana Dal sind geschälte und zerkleinerte Kichererbsen und gehören zu den beliebtesten Linsensorten in Pakistan. Leider sind diese Linsen in normalen Supermärkten sehr selten zu finden. Chana Dal findet man aber in jedem pakistanischen oder indischen Supermarkt. Wenn du kein Chana Dal findest, kannst du auch normale gelbe Linsen aus dem Supermarkt verwenden. Die Kochzeit ist dann kürzer als bei Chana Dal.

FÜR 4 PERSONEN | 35 MINUTEN

FÜR DAS DAL

- 200 g geschälte, halbierte Kichererbsen (Chana Dal)
- 1 TL gemahlene Kurkuma
- 5 Knoblauchzehen + 3 für das Tarka
- 20 g frischer Ingwer
- 1 Zwiebel
- 2 große Tomaten
- 2 EL Ghee oder neutrales Pflanzenöl
- 1 TL Kreuzkümmelsamen
- 1 TL Koriandersamen
- 2 TL Korianderpulver
- 1 TL Chilipulver
- 1 TL Paprikapulver
- 1 TL Garam Masala
- 2 EL getrockneter Bockshornklee
- Salz und frisch gemahlener schwarzer Pfeffer

FÜR DAS TARKA

- 1 frische Chilischote
- 40 g Butter

AUSSERDEM

- 1 Handvoll frisches Koriandergrün, gehackt

Für das Dal die Kichererbsen gründlich waschen und mit dem Kurkumapulver und der dreifachen Menge Wasser (600 ml) in einem Schnellkochtopf auf Stufe 2 in 7 Minuten weich kochen.

Währenddessen den Knoblauch und den Ingwer schälen und zusammen in einem Mörser zu einer Paste verarbeiten. Die Zwiebel schälen und ebenso wie die Tomaten würfeln. Das Ghee in einer großen Pfanne oder einem Wok erhitzen. Den Kreuzkümmel und die Koriandersamen kurz darin anbraten, bis sie anfangen zu springen. Dann die Zwiebeln dazugeben und bei mittlerer Temperatur anschwitzen.

Die Knoblauch-Ingwer-Paste, die Tomaten und die übrigen Gewürze hinzufügen und scharf anbraten. Anschließend die weich gekochten Linsen zusammen mit etwas vom Kochwasser dazugeben. Nach Geschmack salzen und pfeffern und 5-6 Minuten köcheln lassen.

Für das Tarka den restlichen Knoblauch schälen und fein hacken. Die Chilischote klein hacken. Die Butter erhitzen und den Knoblauch und die Chilischote darin kurz braten.

Das Dal zum Servieren mit dem Tarka und dem frischen Koriander toppen.

TIPP

Wer keinen Schnellkochtopf hat, kocht die Kichererbsen in einem normalen Topf weich. Das dauert 40-60 Minuten. Ich empfehle, sie vorher über Nacht einzuweichen, das verkürzt ihre Garzeit.

Dal Makhani
Cremige Belugalinsen

FÜR 4 PERSONEN | 40 MINUTEN

FÜR DAS DAL

- 2 große Zwiebeln
- 1 mittelgroße Tomate (optional)
- 6 Knoblauchzehen + 3 für das Tarka
- 15 g frischer Ingwer
- 250 g Belugalinsen (Urad Dal)
- 1 TL gemahlene Kurkuma
- 2 EL Ghee oder neutrales Pflanzenöl (z. B. Sonnenblumenöl)
- 1 TL Korianderpulver
- 1 TL Paprikapulver
- 1 TL Garam Masala
- 1 TL scharfes Chilipulver
- Salz und frisch gemahlener schwarzer Pfeffer nach Geschmack

FÜR DAS TARKA

- 1 frische Chilischote
- 50 g Butter + mehr zum Servieren

AUSSERDEM

- Koriandergrün, gehackt

Für das Dal die Zwiebeln schälen und in längliche Streifen schneiden. Die Tomate würfeln. Den Knoblauch und den Ingwer schälen und zusammen in einem Mörser zu einer Paste verarbeiten.

Die Belugalinsen gründlich waschen. Zusammen mit der 2 ½-fachen Menge Wasser (625 ml), den Zwiebeln und dem Kurkumapulver in einen Topf geben. Bei mittlerer Temperatur aufkochen und köcheln lassen, bis die Linsen weich sind, währenddessen gelegentlich umrühren.

In einer separaten Pfanne das Ghee erhitzen und die Knoblauch-Ingwer-Paste darin anschwitzen. Dann die restlichen Gewürze und die Tomatenwürfel dazugeben und weiter schmoren, bis die Tomaten weich sind.

Die Tomatenmischung aus der Pfanne zu den Belugalinsen geben. Falls nötig, etwas Wasser dazugeben und bei geschlossenem Deckel 5-10 Minuten weiterköcheln lassen, damit sich alle Aromen entfalten können. Anschließend nach Geschmack noch einmal salzen.

Kurz vor dem Servieren für das Tarka den restlichen Knoblauch schälen und fein hacken. Die Chilischote klein hacken. Die Butter erhitzen und den Knoblauch und den Chili darin kurz braten. Das Tarka über das köchelnde Dal verteilen und nochmals 3-5 Minuten weiterkochen.

Zum Servieren mit etwas Butter und Koriander toppen. Am besten mit warmem Fladenbrot oder Roti genießen.

TIPP

Wer keinen Mörser hat, kann den Knoblauch und den Ingwer auch fein hacken.

Dal Palak
Linsen mit Spinat und Chili-Kreuzkümmel-Butter

FÜR 4 PERSONEN | 45 MINUTEN

FÜR DAS DAL

- 1 große Zwiebel
- 4 Knoblauchzehen
- 15 g frischer Ingwer
- 2 große Tomaten
- 1 frische Chilischote
- 150 g frischer Blattspinat
- 200 g getrocknete gelbe Linsen (Toor Dal)
- ½ TL gemahlene Kurkuma
- 50 g Ghee
- 1 TL Korianderpulver
- 1 TL Chilipulver + etwas mehr für die Würzbutter
- 1 TL Paprikapulver
- 2 EL getrockneter Bockshornklee
- Salz und frisch gemahlener schwarzer Pfeffer nach Geschmack

FÜR DIE CHILI-KREUZKÜMMEL-BUTTER

- etwas Butter
- Kreuzkümmelsamen

Für das Dal die Zwiebel schälen und in längliche Streifen schneiden. Den Knoblauch und den Ingwer ebenfalls schälen und zusammen in einem Mörser zu einer Paste verarbeiten. Die Tomaten würfeln. Die Chilischote und den Blattspinat fein hacken.

Die Linsen mit der Zwiebel, dem Kurkuma und der doppelten Menge Wasser (400 ml) in einen Topf geben. Bei mittlerer Temperatur aufkochen und köcheln lassen, bis die Linsen weich sind.

Das Ghee in einer separaten Pfanne erhitzen. Die Knoblauch-Ingwer-Paste kurz darin anschwitzen. Die Tomaten, das Korianderpulver, das Chilipulver und das Paprikapulver hinzufügen und anbraten, bis die Tomaten weich sind.

Die weich gekochten Linsen mit der Kochflüssigkeit, dem Spinat und dem Bockshornklee in die Pfanne geben und 4–5 Minuten köcheln lassen. Nach Bedarf mit mehr Wasser verdünnen.

Für die Chili-Kreuzkümmel-Butter etwas Butter, etwas Kreuzkümmel und Chilipulver nach Geschmack auf mittlerer Temperatur erhitzen, bis die Mischung leicht brutzelt.

Das Dal mit Salz und Pfeffer abschmecken. Zum Servieren die warme Chili-Kreuzkümmel-Butter über dem Dal verteilen.

TIPP

Statt Ghee kann man auch Öl oder Butter zum Braten verwenden. Basmatireis oder Naan passen super zu diesem Dal.

Mung Dal
Mungbohnen mit Tomaten-Tarka

FÜR 4 PERSONEN | 40 MINUTEN IM SCHNELLKOCHTOPF

FÜR DAS DAL
- 300 g Mungbohnen (Mung Dal)
- ½ TL gemahlene Kurkuma
- 2 große Zwiebeln
- 2 große Tomaten
- 7 Knoblauchzehen
- 15 g frischer Ingwer
- 1 ½ EL Ghee
- 1 TL Kreuzkümmelsamen + etwas mehr für das Tarka
- 1 TL Koriandersamen
- 1 TL Chilipulver
- 1 TL Korianderpulver
- 1 TL Paprikapulver
- 2 EL Garam Masala
- Salz und frisch gemahlener schwarzer Pfeffer nach Geschmack
- 1 Lorbeerblatt

FÜR DAS TOMATEN-TARKA
- 25 g Butter
- 1 EL neutrales Pflanzenöl
- 1 Handvoll Cherrytomaten

AUSSERDEM
- Chiliflocken
- frisches Koriandergrün, gehackt

Für das Dal die Mungbohnen gründlich waschen. In einem Schnellkochtopf zusammen mit dem Kurkumapulver und der dreifachen Menge Wasser (900 ml) auf Stufe 2 in etwa 6 Minuten weich kochen.

Währenddessen die Zwiebeln schälen und in längliche Streifen schneiden. Die Tomaten würfeln. Den Knoblauch und den Ingwer schälen und zusammen in einem Mörser zu einer Paste verarbeiten.

Das Ghee in einer großen Pfanne oder einem Wok erhitzen. Den Kreuzkümmel und die Koriandersamen darin kurz braten, bis sie anfangen zu springen. Dann die Zwiebeln dazugeben und auf mittlerer Stufe anschwitzen.

Die Knoblauch-Ingwer-Paste und die übrigen Gewürze hinzufügen und kurz mit anschwitzen. Anschließend die Tomatenwürfel hinzufügen und kurz rundherum scharf anbraten.

Die weich gekochten Linsen zusammen mit etwas Linsenkochwasser dazugeben. Falls nötig, noch etwas Wasser angießen. Das Dal nun mit geschlossenem Deckel auf mittlerer Stufe 3–5 Minuten köcheln lassen, so können sich alle Aromen entfalten.

Für das Tomaten-Tarka die Butter und das Öl erhitzen. Etwas Kreuzkümmel und die halbierten Cherrytomaten darin scharf anbraten.

Das Dal noch einmal mit Salz und Pfeffer abschmecken. Mit dem Tomaten-Tarka toppen und mit Chiliflocken und gehacktem Koriander bestreut servieren.

TIPP
Wer keinen Schnellkochtopf hat, kocht die Linsen in einem Topf weich. Das kann 1–2 Stunden dauern. Weicht man die Linsen vorher über Nacht ein, verkürzt das die Garzeit.

Kitchari
Reis-Linsen-One-Pot

Kitchari ist ein uraltes Gericht aus Reis, Linsen und Gemüse. Meine Oma hat es schon vor langer Zeit gerne für ihre Kinder zubereitet, denn es ist ein super einfaches und schnelles One-Pot-Gericht und dazu noch sehr gesund. Neben Reis und Linsen kann man jedes Gemüse, das man gerade zur Hand hat, klein schneiden und dazugeben. Kitchari hat eine sehr weiche Konsistenz, deshalb kann man etwas mehr Wasser verwenden als bei anderen Reisgerichten. Immer wenn wir krank waren, hat meine Mutter einen großen Topf Kitchari gekocht. Es ist eine perfekte Mahlzeit, lecker, gesund, proteinreich und sehr einfach zuzubereiten!

FÜR 4 PERSONEN I 35 MINUTEN

150 g Basmatireis
150 g gelbe Mungbohnen (Mung Dal)
1 Zwiebel
2 Knoblauchzehen
2 Tomaten
450 g Gemüse deiner Wahl (z. B. Zucchini, Karotten, Erbsen, Bohnen)
2 EL Ghee
1 TL Kreuzkümmelsamen
1 TL Koriandersamen
1 TL Senfsamen
2 TL geriebener frischer Ingwer
1 TL Kurkumapulver
1 Lorbeerblatt
Salz und Pfeffer nach Geschmack

ZUM SERVIEREN (OPTIONAL):

Saft von ½ Zitrone
Naturjoghurt oder Raita (Seite 166)
frischer Koriander

Den Reis und die Mungbohnen gründlich waschen, dann in einer Schüssel 5-10 Minuten in Wasser einweichen. Inzwischen den Knoblauch und die Zwiebel schälen und klein hacken. Die Tomaten klein würfeln. Das Gemüse nach Bedarf klein schneiden.

Das Ghee in einer Pfanne erhitzen. Die Kreuzkümmelsamen, Koriandersamen und Senfkörner darin etwa 30 Sekunden rösten. Dann die Zwiebeln, den Knoblauch und den Ingwer dazugeben und bei mittlerer Temperatur anschwitzen.

Mit den Tomaten ablöschen und kurz bei hoher Temperatur erhitzen. Danach das klein geschnittene Gemüse mit dem Kurkumapulver hinzufügen und kurz rundherum anbraten.

Den Reis und die Linsen abgießen, in die Pfanne geben und mit etwa 1 l Wasser aufgießen. Das Lorbeerblatt einlegen und alles mit Salz und Pfeffer würzen.

Das Kitchari einmal aufkochen und dann mit geschlossenem Deckel bei niedriger Temperatur rund 20 Minuten köcheln lassen. Das fertige Kitchari sollte schön weich sein und eine cremige Konsistenz haben. Falls nötig, etwas Wasser nachgießen.

Zum Servieren nach Geschmack mit etwas frischem Zitronensaft beträufeln und mit Koriander garnieren. Zusammen mit Naturjoghurt oder einem erfrischenden Raita servieren.

Brot und Gebäck

Wie wir in Pakistan essen
Brote und Gebäck

In der pakistanischen Küche hat Brot, insbesondere das Fladenbrot Roti (auch Chapati genannt), eine große Bedeutung. Es ist ein fester Bestandteil der täglichen Mahlzeiten.

In fast jedem Haushalt steht ein spezieller Tandoor-Ofen, in dem Roti mehrmals täglich frisch zubereitet wird. Dieses einfache Fladenbrot besteht eigentlich nur aus Wasser, Salz und Mehl. In Pakistan wird es aus Chapati-Mehl hergestellt, das man hier in indisch-pakistanischen Supermärkten kaufen kann. Der Teig kann aber auch mit Weizen- oder Dinkelmehl gemacht und in einer Pfanne gebacken werden.

Neben Roti gibt es noch andere Brotsorten wie Naan (Seite 96), das traditionell ebenfalls im heißen Tandoor-Ofen gebacken wird, und Puri, kleine frittierte Brote, die in Pakistan in verschiedenen Variationen sehr beliebt sind und entweder als Beilage zu Currys oder als Snack mit verschiedenen Beilagen gegessen werden. Sie werden zum Beispiel auch zu Halwa Puri (Seite 50) gereicht.

Roti

Roti (auch bekannt als Chapati) ist das Alltagsbrot in Pakistan. Es besteht aus nur zwei Hauptzutaten: Wasser und Mehl. Meine Mama macht dieses Fladenbrot bis heute jeden Tag frisch für die ganze Familie. Riesendank und Respekt an dieser Stelle an sie. Ich freue mich sehr, unser Familienrezept hier verewigen zu können! Traditionell wird Roti in einem Tandoor-Ofen gebacken. Darin ist das Fladenbrot innerhalb von wenigen Minuten fertig, sodass man auf die Schnelle genug frische Rotis für alle auf den Tisch zaubern kann. Aber selbst wir hatten keinen Tandoor-Ofen, als wir nach Deutschland kamen, deshalb musste meine Mama lernen, Rotis wie in folgendem Rezept in einer Pfanne zuzubereiten. So kannst du das auch machen.
Meine Mama macht die Rotis mit Dinkelvollkornmehl, weil es bekömmlicher ist. Wer noch keine Erfahrung mit dem Brotbacken hat, sollte Mehl ohne Vollkornanteil verwenden, dann sind Teig und Brot leichter zu handhaben.

FÜR 10 ROTI | 40 MINUTEN

500 g Dinkelmehl (Type 1050)
1 TL Salz
Butter zum Bestreichen

Das Mehl und das Salz in einer Schüssel vermengen. Nach und nach 350 ml Wasser zugießen und kneten, bis ein glatter und elastischer Teig entstanden ist. Diesen in etwa zehn gleich große Kugeln teilen.

Jede Kugel zu einem dünnen runden Fladen von etwa 15 cm Durchmesser ausrollen (sodass die ausgerollten Rotis in die verwendete Pfanne passen).

Einen Teigfladen in die vorgeheizte beschichtete Pfanne legen und etwa 30 Sekunden warten, bis sich die Farbe an der Oberfläche ändert, dann wenden. Mit einem Geschirrtuch stellenweise andrücken. So von beiden Seiten jeweils 40–50 Sekunden rösten. Im Idealfall sollte der Fladen sich zumindest stellenweise aufblasen. Auf diese Weise nacheinander alle ausgerollten Teiglinge backen.

Nach Geschmack die noch warmen Brote mit etwas Butter bestreichen. Die Rotis bis zum Verzehr mit einem Küchentuch bedecken, damit sie weich bleiben.

TIPP
Bevor der Teigling in die Pfanne gelegt wird, sollte diese gut vorgeheizt sein. Dafür einfach die Hand über die Pfanne halten, ohne sie zu berühren, um die Temperatur abzuschätzen.

Naan

Naan ist ein weiches und fluffiges Brot. Traditionell wird es in einem mit Holzkohle oder Holzfeuer beheizten, sehr heißen Tandoor-Ofen gebacken. Die Naanbrote werden an die Innenseite des Ofens geklebt. Der Tandoor-Ofen speichert sehr hohe Temperaturen von bis zu 500 °C und füllt daher das Innere des Fladenbrotes mit Luftbläschen. So wird es perfekt: weich und fluffig! Natürlich funktioniert die Zubereitung auch ohne Spezialofen. Das folgende Naan-Rezept lässt sich problemlos in der Pfanne zubereiten. Für die ersten Versuche am besten sollte diese beschichtet sein.

FÜR 4 STÜCK | 30 MINUTEN
+ 60–90 MINUTEN ZUM GEHEN

FÜR DEN TEIG

- 250 g Weizenmehl (Type 405) + etwas mehr zum Bearbeiten
- 1 TL Backpulver
- 1 TL Trockenhefe
- 100 g zimmerwarmer Naturjoghurt (3,5% Fettgehalt)
- 3 EL Butter, zerlassen (oder neutrales Pflanzenöl) + etwas mehr zum Servieren
- 100 ml lauwarme Milch

AUSSERDEM

- etwas gehackte Kräuter (z. B. Petersilie oder Koriander)
- 1 kleine Knoblauchzehe, fein gehackt oder durchgedrückt

Das Mehl, das Backpulver und die Hefe in einer großen Schüssel vermischen. Dann den Joghurt, die Butter und nach und nach die Milch hinzufügen. Von Hand kneten, bis ein glatter Teig entstanden ist. Die Hände leicht einölen, so lässt sich der feuchte Teig besser bearbeiten. Alternativ den Teig in der Küchenmaschine kneten. Abgedeckt etwa 60–90 Minuten ruhen lassen. Das Volumen sollte sich in dieser Zeit deutlich vergrößern.

Den aufgegangenen Teig vorsichtig auf eine bemehlte Fläche stürzen und in vier gleich große Stücke teilen. Diese jeweils zu Kugeln formen, dabei ruhig Mehl zu Hilfe nehmen. Die Kugeln mit einem Geschirrtuch abdecken, damit sie nicht austrocknen. Alternativ die Oberfläche mit Öl bepinseln.

Eine Pfanne auf höchster Stufe vorheizen. Mit den Händen eine der Teigkugeln vorsichtig flach zu einem ovalen oder runden Fladen ausziehen. Diesen in der Pfanne von beiden Seiten jeweils etwa 40 Sekunden backen. Beim zweiten Wenden den Fladen mit einem Geschirrtuch stellenweise andrücken, damit das Naanbrot durchbacken kann. Mit den übrigen Teigstücken ebenso verfahren.

Die Naanbrote mit zerlassener Butter, vermischt mit dem Knoblauch, bestreichen und nach Belieben mit frischen Kräutern toppen.

TIPPS UND ANMERKUNGEN

Die Zeit, bis der Teig sein Volumen deutlich vergrößert hat, kann je nach Wetter und Temperatur variieren. Falls der Teig nach 1 Stunde noch nicht deutlich aufgegangen ist, nochmals abgedeckt an einem warmen Ort ruhen lassen.

Die kalten Zutaten sollten rechtzeitig vorher aus dem Kühlschrank geholt werden, damit sie Zimmertemperatur annehmen können. Die geschmolzene Butter und die Milch sollten nicht zu heiß sein, hohe Temperaturen würden die Hefezellen zerstören. Ich empfehle das Naanbrot als Beilage zu einem der saucigen Currygerichte in diesem Buch.

Puri
Frittierte, kleine Fladenbrote

Puri sind kleine, frittierte Brote, die in vielen Teilen Pakistans sehr beliebt sind. Es gibt verschiedene Variationen von Puri, die je nach Region unterschiedlich zubereitet werden. Einige bevorzugen sie besonders dünn und knusprig, während andere sie gerne etwas dicker und luftiger mögen. Diese Puri können als Beilage zu einem pikanten Curry oder als Snack mit Chutney (Seite 169, 170) oder Raita (Seite 166) gegessen werden. Besonders beliebt sind sie als Frühstücksbeilage zu Chana Bhatura (Seite 45) und Halwa Puri (Seite 50).

FÜR 7 STÜCK | 30 MINUTEN

- 360 g Weizenmehl (Type 405 oder Type 550)
- ½ TL Salz
- ¼ TL Backpulver
- 2 TL Naturjoghurt (3,5% Fettgehalt)
- neutrales Pflanzenöl zum Bestreichen und Frittieren

Das Mehl, das Salz und das Backpulver in einer Schüssel gründlich vermischen. Dann den Joghurt und nach und nach 300 ml lauwarmes Wasser dazugeben. Kneten, bis ein glatter und elastischer Teig entstanden ist. Diesen mit einem feuchten Tuch bedecken und etwa 10 Minuten ruhen lassen.

Anschließend den Teig in sieben gleich große Stücke teilen und diese zu Kugeln formen. Mit Öl bestreichen und abgedeckt nochmals etwa 15 Minuten entspannen lassen.

Die Teigkugeln zu dünnen, runden Fladen ausrollen. Reichlich Öl in einer Pfanne erhitzen und die Puri darin nacheinander goldbraun und knusprig frittieren.

TIPP

Zum Frittieren empfehle ich eine kleine, aber dafür tiefe Pfanne oder einen Topf. Darin können die Puri am besten gleichmäßig ausgebacken werden.

Muli Paratha
Rettich-Paratha

Statt Rettich kann man auch vorgekochte Kartoffeln oder geriebenen Blumenkohl nehmen. Bei der Größe der Brote orientiert man sich einfach am Durchmesser der verwendeten Pfanne.

FÜR 6 STÜCK | 30 MINUTEN

FÜR DEN TEIG

500 g Dinkelmehl (Type 630, alternativ Weizenmehl Type 405)
½ TL Salz
neutrales Pflanzenöl zum Bestreichen

FÜR DIE FÜLLUNG

2 große weiße Rettiche
1 große Zwiebel
1 Handvoll frische Minze
1 Handvoll frisches Koriandergrün
2 frische Chilischoten
1 TL gemahlene Kurkuma
1 TL Chilipulver
1 TL Garam Masala
2 TL Korianderpulver
3 EL Granatapfelsirup
Salz nach Geschmack

AUSSERDEM

50–80 g Butter zum Braten + etwas mehr zum Servieren

TIPP

Die Flüssigkeit aus dem Rettich kann man verwenden, um damit den Teig zu kneten, das verleiht den Parathas noch mehr Geschmack.

Das Mehl und das Salz in einer Schüssel vermischen. Nach und nach 250–300 ml Wasser zugießen und kneten, bis ein elastischer, glatter Teig entstanden ist. Mit etwas Öl bestreichen und abgedeckt 5–10 Minuten entspannen lassen.

Die Rettiche schälen, waschen und mit einer Reibe fein raspeln. Die Raspel in ein Geschirrtuch geben und die Flüssigkeit fest herausdrücken. Die Zwiebel schälen und möglichst klein hacken. Die Minze, den Koriander und die Chilis ebenfalls fein hacken. Die vorbereiteten Zutaten und die Würzzutaten in einer Schüssel gründlich vermischen.

Den Teig in sechs gleich große Stücke teilen und diese zu Kugeln formen. Dann zu runden Fladen mit 5–7 cm Durchmesser ausrollen. In die Mitte der Teiglinge großzügig etwa 2 EL von der Rettichmasse geben und die umliegenden Teigränder darüber zusammendrücken, sodass sie im Teig eingeschlossen ist. Den Teig von oben zusammenhalten, leicht drehen und nach unten drücken. Anschließend zuerst mit den Händen gleichmäßig flach drücken, dann mit dem Teigroller vorsichtig dünn ausrollen (so groß, dass der Teigling in die Pfanne passt).

Eine beschichtete Pfanne vorheizen. Die gefüllten Fladen darin von beiden Seiten jeweils 30–40 Sekunden backen. Dann mit Butter bestreichen und nochmals 10–20 Sekunden von beiden Seiten goldbraun und leicht knusprig braten.

Mit einem Stück Butter, Raita (Seite 166) oder einem Chutney nach Wahl genießen.

Festliches

Wie wir in Pakistan essen
Feste

Ein festliches Essen in Pakistan ist äußerst abwechslungsreich und ein wahrer Augenschmaus. Besonders aufwendige Reisgerichte wie Murgh Biryani oder der farbenfrohe süße Reis dürfen dabei nicht fehlen.

Klassische Fleischgerichte wie Shadi wala Roast (S. 116), Chapli Kebab (S. 121) oder Karahi Gosht (S. 122) gehören zu den unverzichtbaren Speisen auf Hochzeiten.

Auch Süßspeisen (ab Seite 128) werden eher an besonderen Tagen gezaubert und am besten gleich mehrere auf einmal. Ich erinnere mich noch gut daran, wie meine Mutter jedes Jahr zum Opferfest einen Tag vorher mehrere köstliche Süßspeisen zubereitete. Der herrliche Duft von kochender Milch mit Kardamom und Safran durchzog die ganze Wohnung und wir wussten genau: Morgen wird ein ganz besonderer Tag!

Pakora Dahi Kadhi
Joghurt-Curry mit Pakoras

Immer wenn Joghurt oder Buttermilch zu sauer wurde, hat man früher daraus dieses leckere Joghurt-Curry mit Pakoras zubereitet. Jeder Haushalt hat hier sein eigenes Rezept. Ich präsentiere hier das Rezept, welches ich von meiner Mama kenne. Mein Joghurt-Curry wird bei mittlerer Temperatur unter Rühren zum Köcheln gebracht. Das erfordert etwas Zeit und Geduld. Am Schluss werden knusprig gebackene Pakoras hineingelegt und mit einem Chili-Kreuzkümmel-Tarka getoppt. Als Beilage wird dazu Basmatireis serviert.

FÜR 4 PERSONEN | 35 MINUTEN

FÜR DAS CURRY

1 EL Koriandersamen
3 Knoblauchzehen
15 g frischer Ingwer
1 rote Zwiebel
500 g Naturjoghurt (3,5 % Fettgehalt)
50 g Kichererbsenmehl
1 TL gemahlene Kurkuma
½ TL Chilipulver
Salz nach Geschmack
1 EL Ghee
1 TL Kreuzkümmelsamen
2 getrocknete Chilischoten
1 Handvoll frisches Koriandergrün, gehackt

AUSSERDEM

10 Mini-Pakoras (Seite 53)
Chili-Kreuzkümmel-Tarka (Seite 35)
480 g Basmatireis, gekocht

Die Koriandersamen in einem Mörser grob zerstoßen. Den Knoblauch und den Ingwer schälen und zusammen im Mörser zu einer Paste verarbeiten. Die Zwiebel schälen und in feine Streifen schneiden.

Den Joghurt in eine große Schüssel geben. Das Kichererbsenmehl dazusieben, das vermeidet Klümpchen. Die grob zerstoßenen Koriandersamen, das Kurkumapulver, das Chilipulver, etwas Salz und die Knoblauch-Ingwer-Paste hinzufügen und alles gut vermischen. Nach und nach 1 ½ l Wasser zugießen und die Zutaten zu einer glatten, homogenen Masse verrühren.

In einem tiefen Topf das Ghee erhitzen. Den Kreuzkümmel und die Chilischoten darin kurz braten. Dann die Zwiebel dazugeben und auf mittlerer Stufe anschwitzen, bis sie schön weich ist.

Die Joghurt-Kichererbsenmehl-Mischung mit in den Topf geben und unter Rühren aufkochen. Sobald alles kocht, die Temperatur herunterschalten und das Curry abgedeckt etwa 30 Minuten köcheln lassen. Zwischendurch gelegentlich umrühren.

Wenn das Joghurt-Curry fertig gekocht ist, noch einmal mit Salz abschmecken und den frischen Koriander darübergeben.

Das Curry heiß in Schüsseln servieren und die Pakoras kurz vor dem Servieren darauf verteilen. Mit dem Chili-Kreuzkümmel-Tarka toppen und Basmatireis dazu reichen.

Murgh Biryani
Hähnchen-Reis

4 PERSONEN | 90 MINUTEN

FÜR DAS MASALA

- ½ TL Safran
- 1 unbehandelte Zitrone
- 2 große Zwiebeln
- 7 Knoblauchzehen
- 15 g Ingwer
- 4 kleine Tomaten
- 1 Handvoll frisches Koriandergrün
- 1 Handvoll frische Minze
- 500 g Basmatireis
- 150 ml neutrales Pflanzenöl (z. B. Sonnenblumenöl)
- 4 Hähnchenschenkel, halbiert und enthäutet
- 3 TL Biryani Masala (Seite 176)
- 1 TL Chilipulver
- 1 TL gemahlene Kurkuma
- 4 EL Naturjoghurt (3,5 % Fettgehalt)
- 2 mittelgroße vorwiegend festkochende Kartoffeln
- 1 Handvoll getrocknete Pflaumen
- Salz nach Geschmack + 1 ½ TL für den Reis

FÜR DEN REIS

- 2 Gewürznelken
- 1 Lorbeerblatt
- 1 Sternanis

Für das Masala den Safran in einem Mörser zu feinem Pulver zermahlen. Zum Auflösen 50-100 ml lauwarmes Wasser dazugeben und beiseitestellen. Die Zitrone heiß waschen und in dünne Scheiben schneiden.

Die Zwiebeln schälen und in längliche Streifen schneiden. Den Knoblauch und den Ingwer schälen und zusammen in einem Mörser zu einer Paste verarbeiten. Die Tomaten grob würfeln. Den Koriander und die Minze klein hacken.

Den Reis gründlich waschen, in einer Schüssel mit Wasser bedecken und zum Einweichen beiseitestellen.

Währenddessen das Öl in einem großen Topf erhitzen. Die Zwiebeln darin bei mittlerer Temperatur anschwitzen, bis sie weich und goldbraun sind (das kann bis zu 20 Minuten dauern).

Zwei Drittel der Zwiebeln möglichst ohne Öl aus dem Topf heben und beiseitestellen. Die Hähnchenschenkel im Bratfett der Zwiebeln von beiden Seiten scharf anbraten. Dann die Knoblauch-Ingwer-Paste, das Biryani Masala, das Chilipulver und das Kurkumapulver hinzufügen. Alles rundherum kräftig rösten.

Die Tomaten und den Joghurt dazugeben und weitere 1-2 Minuten schmoren. Danach die Kartoffeln, die getrockneten Pflaumen und die Hälfte der übrigen angebratenen Zwiebeln hinzufügen. Auf mittlerer Stufe köcheln lassen, bis das Öl sich an der Oberfläche absetzt und das Fleisch durch ist. Mit Salz abschmecken. Den Topf vom Herd nehmen und beiseitestellen.

Den Reis mit den Gewürznelken, dem Lorbeerblatt und dem Sternanis kochen, bis er zu etwa 80 Prozent gar ist. Dann durch ein Sieb abgießen.

In einem hohen Topf zuerst den Reis, dann das Masala abwechselnd einschichten. Zwischendurch etwas von der Minze, dem Koriander, den Zitronenscheiben und dem Safranwasser hinzufügen. Die letzte Schicht sollte Reis sein, darüber nochmals Kräuter, Safran und die restlichen Zwiebeln verteilen. Den Topf gut verschließen und auf niedriger Stufe für etwa 20 Minuten garen, bis der Reis durch ist.

Den Reis zusammen mit dem Masala anrichten und warm servieren.

Murgh Korma
Hähnchen-Curry

FÜR 4 PERSONEN | 45 MINUTEN

FÜR DAS KORMA

- 60 g Cashewkerne
- 8 Knoblauchzehen
- 20 g frischer Ingwer
- 4 mittelgroße Zwiebeln
- 100 ml Sonnenblumenöl
- 4 Hähnchenschenkel (ca. 700 g)
- 1 frische Chilischote
- 2 TL Korianderpulver
- 1 TL Chilipulver
- 1 TL Garam Masala
- 2 TL Paprikapulver
- ½ TL gemahlene Kurkuma
- Salz und frisch gemahlener schwarzer Pfeffer nach Geschmack
- 150 g Naturjoghurt (3,5 % Fettgehalt)
- Saft von ½ Zitrone

AUSSERDEM

- 1 Handvoll frisches Koriandergrün, gehackt
- Garam Masala

Die Cashewkerne in eine Schüssel geben, mit heißem Wasser bedecken und etwa 10 Minuten darin einweichen lassen.

Den Knoblauch und den Ingwer schälen und zusammen in einem Mörser zu einer Paste verarbeiten. Die Zwiebeln schälen und in feine Streifen schneiden.

Das Öl in einer tiefen Pfanne erhitzen. Die Zwiebeln darin etwa 15 Minuten auf mittlerer Stufe goldbraun braten. Anschließend möglichst ohne Fett herausnehmen und zur Seite stellen. In derselben Pfanne das Fleisch scharf anbraten. Dann die Knoblauch-Ingwer-Paste, die Chili und die Gewürze hinzufügen und 1-2 Minuten mitbraten. Die Pfanne vom Herd nehmen und den Joghurt unterrühren.

Die Pfanne zurück auf den Herd stellen und wieder erhitzen. Mit etwa 200 ml Wasser ablöschen. Alles aufkochen, dann bei geschlossenem Deckel bei niedriger Temperatur etwa 20 Minuten köcheln lassen, bis das Fleisch gar ist.

Währenddessen die eingeweichten Cashewkerne abgießen. Zusammen mit den gebratenen Zwiebeln mit etwas Wasser in einen kleinen Blitzhacker geben und zu einer feinen Paste mixen.

Die Cashew-Zwiebel-Paste zum Korma geben, nach Bedarf mit etwas Wasser verdünnen. Mit dem Zitronensaft abschmecken und weitere 5-10 Minuten bei geschlossenem Deckel auf mittlerer Stufe köcheln lassen.

Zum Servieren den frischen Koriander und nach Wunsch etwas frisch gemahlenes Garam Masala darübergeben.

TIPP

Wer keinen Blitzhacker oder Zerkleinerer hat, kann die Cashewkerne auch durch Cashewmus ersetzen.

Shadi wala Roast
Hochzeitsbraten

Shadi wala Roast bedeutet wörtlich »Braten zu Hochzeiten«. Denn diese Zubereitungsart für Hähnchenkeulen wird gern zu Hochzeiten serviert. Die marinierten Schenkel werden im eigenen Saft unter Dampf gegart. Geduld und Vertrauen sind hier die wichtigsten Zutaten. Also bitte nicht ständig den Deckel öffnen, um reinzuschauen. Denn am Ende kommt die Belohnung: Zarte und geschmackvolle Hähnchenschenkel, die vom Knochen abfallen!

FÜR 4 PERSONEN | 90 MINUTEN + 2 STUNDEN (ODER ÜBER NACHT) ZUM MARINIEREN

FÜR DAS HÄHNCHEN

5 Hähnchenschenkel mit Knochen (ca. 3 ½ kg)

FÜR DIE MARINADE

6 frische Chilischoten
240 g Naturjoghurt (3,5 % Fettgehalt)
1 TL Paprikapulver
1 TL Korianderpulver
2 TL gemahlener Kreuzkümmel
½ TL gemahlene Kurkuma
2 TL Chilipulver
2 TL Knoblauch-Ingwer-Paste (Seite 178)
½ TL Meersalz

AUSSERDEM

ca. 80 ml Sonnenblumenöl zum Braten
Saft von ½ Zitrone
Chiliflocken
frisches Koriandergrün, gehackt

TIPP

Zum Braten nach dem Marinieren wird ein möglichst breiter Schmortopf, ein Bräter oder etwas Ähnliches benötigt. Der Behälter sollte breit genug sein, dass alle Hähnchenkeulen nebeneinander darin Platz finden.

Die Hähnchenkeulen enthäuten und drei- bis viermal bis zu den Knochen einschneiden. Waschen, mit einem Papiertuch trocken tupfen und zur Seite stellen.

Für die Marinade die Chilischoten hacken. Mit den übrigen Zutaten für die Marinade in einer Schüssel vermischen. Die Marinade zu den Hähnchenkeulen geben und das Fleisch gründlich damit einreiben. Abgedeckt etwa 2 Stunden oder über Nacht im Kühlschrank marinieren lassen.

Das Öl in einen großen Topf (siehe Tipp) gießen, bis der gesamte Boden damit bedeckt ist. Die marinierten Hähnchenkeulen darin auf der Fleischseite abgedeckt 10 Minuten bei mittlerer Temperatur braten. Dann die Temperatur auf die niedrigste Stufe schalten und die Keulen weitere 20 Minuten abgedeckt schmoren lassen. Danach die Hähnchenkeulen wenden und in 30 Minuten abgedeckt zu Ende garen.

Nach der Garzeit den Deckel abnehmen und auf mittlerer Stufe 10-12 Minuten weiterköcheln lassen, bis die Flüssigkeit im Topf weitgehend verdampft ist.

Die Hähnchenkeulen auf eine Servierplatte legen und mit dem restlichen Bratensaft aus dem Topf übergießen. Mit dem frisch gepressten Zitronensaft abschmecken und mit Chili und Koriander bestreut servieren.

TIPP

Dazu passt ein erfrischendes Raita (Seite 166).

Yakhni Pulao
One-Pot-Reisgericht

Yakhni Pulao gehört zu den bekanntesten Gerichten Pakistans und ist dort sehr beliebt. Yakhni bedeutet »Brühe« und Pulao ist der Reis, der in der Brühe gekocht wird. Es gibt mehrere Zubereitungsarten für Yakhni Pulao. Ich zeige hier die Variante, die ich von meiner Mama gelernt habe. Bei diesem Gericht wird Reis in einer kräftigen Hühner-Knoblauch-Brühe gekocht. Übrigens war das hier auch das erste Gericht überhaupt, das Mama mir beigebracht hat. Ich erinnere mich noch sehr gut an die vielen Male, die ich neben ihr stand und zuschauen durfte, während sie mir alle ihre Tipps und Tricks dazu verriet.

FÜR 6-7 PERSONEN | 50 MINUTEN

750 g Basmatireis
1 ganzes Huhn (alternativ 5 Hähnchenschenkel)
1 große Zwiebel
1 ganze Knolle Knoblauch
15 g frischer Ingwer
Sonnenblumenöl zum Anschwitzen
1 ½ TL Kreuzkümmelsamen
1 TL gemahlene Kurkuma
½ TL Chilipulver
1 ½ EL Salz + etwas mehr zum Abschmecken
1 ½ TL frisch gemahlener schwarzer Pfeffer
1 Lorbeerblatt
1 frische Chilischote

Den Reis waschen, in einer Schüssel mit Wasser bedecken und zum Einweichen beiseitestellen.

Währenddessen das Fleisch enthäuten und in 12 bis 14 kleine Stücke zerlegen. Die Zwiebel schälen und in längliche Streifen schneiden. Den Knoblauch und den Ingwer ebenfalls schälen und zusammen in einem Mörser zu einer Paste verarbeiten.

Öl in einen breiten, hohen Topf geben, bis der Topfboden bedeckt ist. Die Zwiebel zusammen mit dem Kreuzkümmel darin bei mittlerer Temperatur goldbraun anschwitzen. Dann 80 ml Wasser angießen und bei geschlossenem Deckel 5-7 Minuten schmoren lassen, bis die Zwiebel weich und gut gebräunt ist.

Anschließend das Fleisch mit dem Kurkumapulver, dem Chilipulver, dem Salz und dem Pfeffer im Topf für 2-3 Minuten rundherum scharf anbraten.

Mit 1,5 l Wasser ablöschen. Die Knoblauch-Ingwer-Paste und das Lorbeerblatt dazugeben. Alles 5-10 Minuten bei hoher Temperatur köcheln lassen, sodass sich alle Aromen in der Brühe entfalten können. Danach noch einmal mit Salz abschmecken. Die Brühe sollte leicht salzig schmecken. Dann weitere 10 Minuten auf mittlerer Stufe köcheln lassen.

Die Chilischote fein hacken.

Den gewaschenen Reis und die Chilischote dazugeben und vorsichtig umrühren. Einmal aufkochen lassen, dann bei geschlossenem Deckel 10-15 Minuten bei niedriger Temperatur köcheln lassen, bis der Reis gar ist. Damit möglichst wenig Dampf entweicht, kann ein sauberes Geschirrtuch zwischen Topf und Deckel gelegt werden.

Das Yakhni Pulao mit Raita (Seite 166) und einem Tomaten-Gurken-Salat servieren.

Chapli Kebab
Flache, würzige Kebabs

Chapli kommt von dem Wort »Chappal«, welches Sandalen bedeutet. So flach wie Sandalen sind nämlich diese Kebabs. Dafür reibe ich die Zwiebel und drücke die Flüssigkeit heraus. Dieser zusätzliche Schritt ist wichtig, damit die Chapli Kebabs auch wirklich gelingen und beim Braten nicht zerfallen.

FÜR 6-7 STÜCK | 35 MINUTEN

FÜR DIE KEBABS

- 500 g Rinder- oder Lammhackfleisch
- 1 mittelgroße Zwiebel
- 1 Handvoll frisches Koriandergrün
- 1 frische Chilischote
- 1 ½ EL Koriandersamen
- 4 EL Kichererbsenmehl
- 2 TL Chiliflocken
- ½ TL gemahlene Kurkuma
- ½ TL Garam Masala
- 1 TL Ajwain (Königskümmel, optional)
- 1 Ei (Größe M)
- Salz und frisch gemahlener schwarzer Pfeffer nach Geschmack
- 100 g Ghee oder Sonnenblumenöl zum Braten

AUSSERDEM

- Raita (Seite 166)
- 1 rote Zwiebel, in feine Streifen geschnitten

Das Hackfleisch in eine große Schüssel geben. Die Zwiebel schälen und fein raspeln. Die Raspel in ein Küchentuch geben und die Flüssigkeit herausdrücken. Den Koriander und die Chilischote fein hacken. Die Koriandersamen im Mörser grob zerstoßen.

Die ausgepresste Zwiebel, die Chilischote, den Koriander, die zerstoßenen Koriandersamen, das Kichererbsenmehl, die restlichen Gewürze und das Ei mit dem Hackfleisch in einer Schüssel vermischen. Mit Salz und Pfeffer abschmecken. Dann abgedeckt 10 Minuten (noch besser 2-3 Stunden) im Kühlschrank ziehen lassen.

Die Hände und einen flachen großen Teller leicht einölen. Aus der Hackfleischmasse sieben bis acht Portionen abstechen und zu glatten Kugeln formen. Jede Kugel vorsichtig flach drücken und auf den eingeölten Teller legen.

Das Ghee bzw. das Sonnenblumenöl in einer breiten Pfanne erhitzen und die Kebabs darin von beiden Seiten anbraten. Vorsichtig mit zwei Pfannenwendern wenden, damit die Kebabs nicht zerbrechen.

Die Kebabs mit einem erfrischenden Raita (Seite 166), roten Zwiebeln und frischem Salat servieren.

TIPP

Zum Abschmecken ruhig ein winziges Stückchen von der rohen Hackfleisch-Mischung probieren. Dazu sollte das Fleisch allerdings absolut frisch sein.

Karahi Gosht
Schmorfleisch

Das Wort »Karahi« steht für eine Wok-artige Pfanne, in der das »Gosht« (Fleisch) gemeinsam mit Tomaten, Zwiebeln, Knoblauch, Ingwer und Gewürzen unter ständigem Rühren bei hoher Temperatur gebraten wird. Alle Zutaten werden gleichzeitig in diese Karahi gegeben und gebraten, bis das Fleisch gar ist und die Sauce (Masala) beginnt einzudicken. Das kann bis zu 1,5 Stunden dauern. Deshalb zeige ich hier eine einfachere Variante, die ich von meiner Mama gelernt habe. Hierbei wird das Fleisch mit den anderen Zutaten vorher im Schnellkochtopf zu 80 Prozent gegart und anschließend bei hoher Temperatur unter ständigem Rühren ohne Deckel zu Ende gegart. Wer keinen Schnellkochtopf besitzt, kann das Fleisch auch in einem normalen Topf auf niedriger Temperatur mit geschlossenem Deckel köcheln lassen. Die Garzeit verlängert sich um etwa 40–60 Minuten.

Fortsetzung: Karahi Gosht (Schmorfleisch)

FÜR 4 PERSONEN | 45 MINUTEN

FÜR DAS MASALA

- 3 mittelgroße Tomaten
- 7 Knoblauchzehen
- 2 große Zwiebeln
- 3 EL Ghee oder Pflanzenöl zum Braten
- 1 Zimtstange
- 1 Lorbeerblatt
- 1 kg Lammfleisch mit Knochen, in mehrere Stücke zerlegt
- 2 frische Chilischoten + 1 mehr zum Servieren
- ½ TL gemahlene Kurkuma
- 1 TL Chilipulver
- 2 TL Paprikapulver
- 1 TL Korianderpulver
- 1 TL Garam Masala
- 1 TL Chiliflocken
- 1 TL getrockneter Bockshornklee
- 1 ½ TL frisch gemahlener schwarzer Pfeffer
- Salz nach Geschmack
- 3 EL Griechischer Joghurt (10 % Fettgehalt)
- Saft von ½ Zitrone + 4 Zitronenscheiben zum Servieren

AUSSERDEM

- 1 Handvoll frisches Koriandergrün, gehackt
- 1 TL grob gemahlenes Garam Masala (Seite 175, optional)
- 1 EL feine Ingwerstreifen

Den Stielansatz der Tomaten entfernen und die Haut über Kreuz einschneiden. Den Knoblauch schälen. Die Zwiebeln schälen und in feine Würfel schneiden.

Das Ghee in einem Schnellkochtopf erhitzen. Die Zimtstange, das Lorbeerblatt und die Zwiebeln darin kurz anschwitzen. Dann das Fleisch, die Tomaten, die ganzen Knoblauchzehen und die Chilischoten vorsichtig hineinlegen. Etwas vom geschmolzenen Ghee darüber verteilen.

Den Deckel des Schnellkochtopfs verschließen. Wenn der maximale Druck erreicht ist und das Ventil zu zischen beginnt, die Temperatur herunterschalten und das Fleisch für etwa 13 Minuten köcheln lassen. Dann den Druck langsam entweichen lassen und den Deckel vorsichtig öffnen. Die Garzeit kann je nach Fleischsorte variieren, das Fleisch sollte ungefähr zu 80 Prozent gar sein.

Die Tomaten vorsichtig enthäuten. Die Herdtemperatur höher schalten und unter Rühren das Fleisch rundherum scharf anbraten. Falls nötig, nach Bedarf etwas Wasser dazugeben.

Die restlichen Gewürze hinzufügen und auf mittlerer Stufe unter ständigem Rühren mitbraten. Nach Geschmack noch einmal salzen.

Zum Schluss den Joghurt hinzufügen und nochmals unter Rühren erhitzen. Die Sauce sollte beginnen einzudicken. Falls nicht, weiterköcheln und etwas reduzieren lassen. Zuletzt mit dem Zitronensaft abschmecken.

Das Karahi Gosht mit dem Koriander, dem Garam Masala, den Zitronenscheiben und den Ingwerstreifen sowie der in Ringe geschnittenen Chili servieren.

Nihari
Eintopf

Nihari kommt von dem Wort »Nihar«, was »Morgen« bedeutet. Nihari war früher nämlich als gutes, deftiges Frühstück für Arbeiter bekannt. Heute wird es nicht mehr nur zum Frühstück gegessen, sondern gehört als Pakistans Nationalgericht Nummer 1 zu jeder festlichen Mahlzeit dazu.

FÜR 4 PERSONEN | 80 MINUTEN

FÜR DAS NIHARI

- 2 rote Zwiebeln
- 1 kg Lamm- oder Rindfleisch mit Knochen
- 15 g frischer Ingwer
- 160 ml Sonnenblumenöl
- 2 EL Nihari Masala (Seite 177)
- Salz nach Geschmack
- 3 EL Mehl

AUSSERDEM

- frisches Koriandergrün, gehackt
- Saft von ½ Zitrone

Die Zwiebeln schälen und würfeln. Das Fleisch waschen, trocken tupfen und in grobe Stücke zerlegen. Den Ingwer schälen und möglichst klein hacken.

100 ml von dem Sonnenblumenöl in einem großen Topf oder Wok erhitzen und die Zwiebeln darin auf mittlerer Stufe goldbraun anbraten. Dann möglichst ohne Bratfett herausnehmen und zur Seite stellen.

Im selben Topf das Fleisch von beiden Seiten scharf anbraten. Das Nihari Masala dazugeben und kurz kräftig rösten. Mit 700 ml Wasser ablöschen.

Die gebratenen Zwiebeln dazugeben und alles einmal aufkochen lassen. Mit Salz abschmecken und bei geschlossenem Deckel auf niedriger bis mittlerer Stufe etwa 50 Minuten köcheln lassen, bis das Fleisch gar ist.

Das Mehl mit etwa 150 ml Wasser in einer Schüssel glatt rühren. Das Mehl-Wasser-Gemisch unter Rühren zur Sauce geben. Aufkochen und etwa 5-10 Minuten köcheln lassen, bis die Sauce beginnt anzudicken.

In einer separaten kleinen Pfanne das restliche Öl (60 ml) erhitzen. Den Ingwer darin bei mittlerer Temperatur anbraten. Das heiße Öl mit dem gebratenen Ingwer über die köchelnde Sauce verteilen. Mit dem Koriander und dem Zitronensaft toppen.

TIPP

Am besten bittet man in der Metzgerei darum, das Fleisch in grobe Stücke zu zerteilen. Man kann hier auch halb Lamm- und halb Rindfleisch nehmen.

Süßspeisen

Wie wir in Pakistan essen
Süßspeisen

Für fast jeden besonderen Moment im Leben gibt es eine Redewendung, die die Menschen in Pakistan oft benutzen: »Muh Mitha Karo« zum Beispiel, was übersetzt so viel bedeutet wie »Versüße den Mund«.

Solche besonderen Momente können die Geburt eines Kindes, eine bestandene Schulprüfung, eine erfolgreiche Brautwerbung, die Zusage für eine neue Arbeitsstelle und vieles mehr sein. Bei solchen Anlässen ist es selbstverständlich, dass man seinen Lieben, seien es Familie, Freunde oder Nachbarn, den Mund mit Gulab Jamun, Jalebi oder Barfi versüßt.

Pakistanische Süßspeisen zeichnen sich durch ihre außergewöhnliche Süße und die Verwendung von Aromen wie Rosenwasser, Kardamom, Safran, Nüssen und Gewürzen aus, die ihnen ihren einzigartigen Geschmack verleihen. Sie werden bei festlichen Anlässen, religiösen Feiern und Familientreffen genossen und sind ein unverzichtbarer Bestandteil der herzlichen pakistanischen Gastfreundschaft.

Barfi
Klassische pakistanische Süßigkeit

Der Name dieser Süßigkeit leitet sich vom Wort »Barf« ab, welches »Schnee« bedeutet. Klassisches Barfi ist immer weiß und wird am besten kalt serviert.

FÜR 16 STÜCKE | 30 MINUTEN

FÜR DAS BARFI

- 30 g Pistazienkerne + mehr zum Verzieren
- 300 ml Milch (3,5% Fettgehalt)
- 130 g Butter oder Ghee
- 240 g weißer Zucker
- 600 g Vollmilchpulver
- 1 TL Zitronensaft
- 1 TL Vanilleextrakt
- 1 TL Kardamompulver
- ½ TL Safranfäden

AUSSERDEM

- essbares Silber oder Blattgold (Vark oder Varak, optional)

Einen rechteckigen Backrahmen oder eine feuerfeste Form (15 x 20 cm) mit Backpapier auslegen. Die Pistazien hacken und auf dem Boden der Backform ausstreuen.

Die Milch in einer großen, beschichteten Pfanne erhitzen. Die Butter bzw. das Ghee dazugeben und langsam unter Rühren schmelzen lassen. Anschließend den Zucker hinzufügen und rühren, bis er sich vollständig in der Milch-Butter-Mischung aufgelöst hat. Dann das Milchpulver vorsichtig einrühren.

Die Mischung bei mittlerer Temperatur unter ständigem Rühren kochen, bis sie glatt und dickflüssig ist. Das kann bis zu 10 Minuten dauern.

Den Zitronensaft, das Vanilleextrakt, den Kardamom und den Safran hinzufügen. Die Masse unter Rühren weitere 2-3 Minuten köcheln lassen.

Die Masse mit einem Löffel in die vorbereitete Backform geben, mit einem Gummispatel flach drücken und so glatt wie möglich verstreichen. Auf Zimmertemperatur abkühlen lassen, dann für mindestens 30 Minuten in den Kühlschrank stellen.

Zum Servieren die Backform stürzen und das Barfi aus der Form lösen. Das Backpapier vorsichtig abziehen. Das Barfi mit Silber- oder Blattgold und weiteren gehackten Pistazien verzieren. In Quadrate schneiden und servieren.

TIPP

Sollte die Barfi-Masse braune Flecken bekommen, ist die Temperatur zu hoch oder es wird nicht genug umgerührt. Das Barfi lässt sich in einem luftdichten Behälter bis zu 1 Woche im Kühlschrank aufbewahren.

Besan ke Ladoo
Kichererbsenbällchen

FÜR 4-6 STÜCK | 30 MINUTEN

FÜR DIE LADOOS

- 260 g Kichererbsenmehl
- ½ TL gemahlene Kurkuma
- 130 g Ghee + mehr nach Bedarf (siehe Tipp)
- 50 g Cashewkerne
- ½ TL Kardamompulver
- 130 g Puderzucker + mehr nach Bedarf (siehe Tipp)

AUSSERDEM

- gemischte Nusskerne, gehackt
- essbares Blattsilber (Vark oder Varak)

Das Kichererbsenmehl in eine große, weite Pfanne geben und kurz rösten, das lässt den starken Geruch verschwinden. Dann das Kurkumapulver hinzufügen, es sorgt für eine kräftigere Farbe.

Das Ghee (bis auf 1 TL) zum Kichererbsenmehl in die Pfanne geben und bei mittlerer Temperatur unter ständigem Rühren weiter anrösten, bis sich eine glatte Masse bildet. Das kann bis zu 10 Minuten dauern.

Die Cashewkerne hacken. Das restliche Ghee zur Mischung geben, die gehackten Cashewkerne hinzufügen und anrösten.

Die Mischung in eine große, weite Schüssel oder auf ein Blech geben und bei Raumtemperatur abkühlen lassen.

Das Kardamompulver und den Puderzucker dazugeben und gut verkneten. Mit den Händen beliebig große Bällchen formen.

Mit den gehackten Nüssen und der Silberfolie garniert servieren.

TIPP

Falls beim Kneten die Masse zu weich oder zu fest erscheint, kann die Konsistenz mit etwas mehr Ghee oder mit mehr Puderzucker angepasst werden.

Gajrela
Karotten-Halwa

FÜR 4 PORTIONEN | 40 MINUTEN IM SCHNELLKOCHTOPF

FÜR DAS HALWA

2 kg Karotten
1 ½ EL Ghee
1 l Milch (3,5 % Fettgehalt)
¼ TL Safranfäden
½ TL Kardamompulver
150 g weißer Zucker
1 Handvoll Mandelkerne
1 Handvoll Cashewkerne

AUSSERDEM

1 Handvoll Pistazienkerne, gehackt
essbares Blattsilber (Vark oder Varak, optional)

Für das Halwa die Karotten schälen, raspeln und in einer Schüssel beiseitestellen.

Den Boden eines Schnellkochtopfs mit 1 EL Ghee einfetten. Die Milch aufgießen und erhitzen. Sobald die Milch heiß ist, die geriebenen Karotten dazugeben und gut vermischen. Den Deckel des Schnellkochtopfs schließen und auf Stufe 1 in 5-7 Minuten gar kochen.

Den Inhalt aus dem Schnellkochtopf in einen Wok oder eine große Pfanne umfüllen und die Mischung 15-20 Minuten bei mittlerer Temperatur einkochen lassen, dabei gelegentlich umrühren. Sobald die Mischung vollständig eingekocht ist, die Safranfäden, das Kardamompulver und den Zucker hinzufügen. Weitere 2-3 Minuten kochen, bis der Zucker sich komplett aufgelöst hat.

Während das Halwa kocht, die Mandel- und die Cashewkerne fein hacken. In einer Pfanne das restliche Ghee (½ EL) erhitzen und die gehackten Nusskerne darin anrösten. Die gerösteten Nüsse unter die Halwa-Masse rühren und gut vermischen.

Mit gehackten Pistazien und Silberfolie garnieren und noch warm oder abgekühlt servieren.

TIPP

Wer keinen Schnellkochtopf hat, kann die geriebenen Karotten auch in einem Topf weich kochen. Dafür auf niedriger Stufe etwa 40 Minuten köcheln lassen.

Gulab Jamun
Frittierte Milchbällchen in Rosensirup

FÜR 12 STÜCK | 40 MINUTEN

FÜR DIE BÄLLCHEN
- 9 EL Milchpulver
- 3 ½ EL Weizenmehl (Type 405)
- ½ EL feiner Weichweizengrieß
- ¾ TL Backpulver
- 2 EL Milch
- 2 EL Naturjoghurt (3,5 % Fettgehalt)
- 1 TL Ghee

FÜR DEN ZUCKERSIRUP
- 250 g weißer Zucker
- 3 grüne Kardamomkapseln
- 1 EL Rosenwasser

AUSSERDEM
- Sonnenblumenöl zum Frittieren
- Pistazienkerne, gehackt
- essbares Blattsilber (Vark oder Varak, optional)
- Rosenblätter

Für die Milchbällchen das Milchpulver, das Mehl, den Grieß und das Backpulver in einer Schüssel gründlich vermischen. Die Milch und den Joghurt dazugeben und vorsichtig mit den Händen vermengen, bis ein weicher Teig entstanden ist.

Die Hände mit Ghee einfetten und aus der Milchbällchenmasse 12 gleich große Kugeln formen. Sie sollten glatt sein, ohne Risse oder Linien. Abgedeckt beiseitestellen.

Für den Zuckersirup den Zucker, die Kardamomkapseln und 250 ml Wasser in einem Topf bei mittlerer Temperatur aufkochen. So lange köcheln lassen, bis sich der Zucker komplett aufgelöst hat und die Mischung leicht eindickt. Dann das Rosenwasser unterrühren. Den Topf von der Kochstelle nehmen und nachziehen lassen. Der Sirup sollte noch heiß sein, aber nicht mehr kochen.

Reichlich Öl in einem großen Topf erhitzen. Ein Milchbällchen vorsichtig hineinlegen, um die Temperatur zu überprüfen. Wenn das Öl heiß genug ist, die übrigen Milchbällchen zufügen und bei mittlerer Temperatur goldbraun frittieren. Das Öl darf nicht zu heiß sein, sonst werden die Bällchen schnell braun, sind aber innen noch roh.

Die Bällchen direkt nach dem Frittieren in den heißen Zuckersirup legen und darin etwa 15 Minuten ziehen lassen.

Mit den gehackten Pistazien, der Silberfolie und den Rosenblüten verziert servieren.

Jalebi
Frittierte Teigspiralen in Safransirup

FÜR 20-25 STÜCK | 40 MINUTEN

FÜR DIE TEIGSPIRALEN
- 250 g Weizenmehl (Type 405)
- 2 EL Speisestärke
- 3 EL zimmerwarmer Naturjoghurt (3,5 % Fettgehalt)
- 1 Prise Salz
- 1 TL Backpulver
- ½ TL orange Lebensmittelfarbe

FÜR DEN SAFRANSIRUP
- 200 g weißer Zucker
- 4 grüne Kardamomkapseln, aufgedrückt
- 1 Prise Safranfäden + etwas mehr zum Dekorieren
- Saft von 1 Zitrone

AUSSERDEM
- neutrales Speiseöl zum Frittieren (z. B. Sonnenblumenöl)
- Pistazienkerne, gehackt
- Chai oder Eis zum Servieren (optional)

Alle Zutaten für die Teigspiralen in eine Schüssel geben. Nach und nach 150-200 ml lauwarmes Wasser zugießen und rühren, bis eine dickflüssige, glatte Masse entstanden ist. Den Teig abgedeckt für etwa 15 Minuten ruhen lassen.

Für den Zuckersirup 200 ml Wasser, den Zucker, die Kardamomkapseln und die Safranfäden in einen Topf geben und aufkochen lassen. Bei mittlerer Temperatur 3-6 Minuten köcheln lassen, bis der Zucker sich komplett aufgelöst hat und der Sirup eingedickt ist.

Den Topf mit dem Zuckersirup vom Herd nehmen und den Zitronensaft einrühren. Wenn die Zuckerspiralen darin eingetunkt werden, darf er nicht ganz abgekühlt sein, soll aber auch nicht mehr allzu heiß sein.

Die Teigmasse in einen Spritzbeutel füllen. Das Öl in einem großen Topf erhitzen. Ein wenig von der Teigmasse hineingeben, um die Temperatur zu überprüfen. Wenn sich Bläschen bilden, ist sie genau richtig. In kreisförmigen Bewegungen die Teigmasse in das Öl spritzen. Dabei von innen nach außen arbeiten (spiralförmig). Kurz darin frittieren, bis die Teigspirale knusprig ist. Dann herausnehmen und sofort durch den warmen Zuckersirup ziehen, bis sie komplett davon überzogen ist. Mit dem übrigen Teig ebenso verfahren.

Mit den gehackten Pistazien und dem übrigen Safran dekorieren und am besten frisch mit einer Tasse Chai oder einer Kugel Eis servieren.

Kheer
Pakistanischer Milchreis

Kheer wird aus einer Kombination von Milch, Reis und Zucker hergestellt und kann je nach Geschmack mit Nüssen, Rosinen und Gewürzen wie Kardamom und Safran verfeinert werden. Jeder bereitet Kheer etwas anders zu. Aber eins haben alle gemeinsam: Im Gegensatz zum deutschen Milchreis ist der pakistanische deutlich flüssiger.

FÜR 2 PERSONEN | 20 MINUTEN

FÜR DEN MILCHREIS
- 4 EL Basmatireis
- 500 ml Milch (3,5 % Fettgehalt)
- 3 EL weißer Zucker
- 1 Handvoll Nüsse und Kerne (Pistazienkerne, Mandelkerne, Cashewkerne) + mehr für die Deko
- 1 TL Kardamompulver
- 1 Prise Safranpulver (optional)

AUSSERDEM
- Safranfäden
- Rosenblüten

Den Reis waschen, in einer Schüssel mit Wasser bedecken und darin einweichen.

Die Milch bei mittlerer Temperatur aufkochen. Den Reis abgießen und zusammen mit dem Zucker in die Milch rühren. Weitere 8-10 Minuten auf niedriger Stufe köcheln lassen. Inzwischen die Nüsse und Kerne hacken.

Die gehackten Kerne, das Kardamompulver und (falls verwendet) den Safran dazugeben und 2-3 Minuten mitköcheln lassen.

Den fertigen Milchreis in kleine Schüsseln füllen und mit den restlichen gehackten Nüssen, den Safranfäden und den Rosenblüten dekoriert servieren.

TIPP
Wer es nicht so flüssig mag, lässt den Milchreis einfach länger einkochen. Für noch flüssigeren Milchreis einfach etwas mehr Milch hinzufugen.

Pista Kulfi
Pistazieneis

FÜR 4 STÜCK | 55 MINUTEN

- 70 g Pistazienkerne mit Schale + 1 Handvoll Kerne, gehackt, für die Deko
- 1 Schüssel mit Eiswasser
- 1 l Milch (3,5 % Fettgehalt)
- 250 g Schlagsahne
- 1 grüne Kardamomkapsel
- 250 g weißer Zucker

Reichlich Wasser in einem Topf aufkochen. Die Pistazienkerne darin etwa 2 Minuten köcheln lassen, dann im Eiswasser abschrecken und etwa 5 Minuten darin ruhen lassen. (Dadurch löst sich die Schale besser und die grüne Farbe kommt schöner zur Geltung). Die Schale von den Pistazien ablösen, mit 1 EL Wasser in einen Blitzhacker geben und zu einer Paste mixen.

Die Milch in einen großen Topf geben und auf mittlerer Stufe erhitzen. Dann die Schlagsahne sowie die Kardamomkapsel hinzufügen und auf niedriger Stufe so lange unter Rühren köcheln lassen, bis die Milch beginnt einzudicken. Wichtig: Immer wieder rühren, damit sie nicht anbrennt.

Den Zucker hinzufügen und 2-3 Minuten mitköcheln lassen, bis er sich komplett aufgelöst hat. Nun den Topf vom Herd nehmen und die Pistazienpaste einrühren.

Kulfi-Formen (oder Eisformen) mit der Masse befüllen und in der Tiefkühltruhe für mindestens 4 Stunden einfrieren.

Mit den gehackten Pistazienkernen servieren.

Ras Malai
Cremige Bällchen in Milchsauce

Ras Malai ist ein köstliches pakistanisches Dessert, das aus Milchbällchen und gesüßter Milch besteht. Die Milchbällchen werden aus Milch und etwas Zitronensaft hergestellt und dann in einem Sirup aus Zucker und Wasser gekocht. Anschließend werden sie in einer gesüßten Milchmischung eingelegt, die mit Kardamom und Safran gewürzt ist. Die Zubereitung der Milchbällchen ist die gleiche wie bei Paneer.

FÜR 2 PERSONEN (CA. 11 STÜCK) | 45 MINUTEN

FÜR DIE MILCHBÄLLCHEN
- 1 l Milch (3,5 % Fettgehalt)
- 2 ½ TL frisch gepresster Zitronensaft

FÜR DAS ZUCKERWASSER
- 200 g weißer Zucker

FÜR DIE MILCHSAUCE
- 1 l Milch (3,5 % Fettgehalt)
- 60 ml gezuckerte Kondensmilch
- ½ TL Safranpulver
- 1 TL Kardamompulver
- 2 EL gehackte Pistazienkerne + etwas mehr für die Deko
- 2 EL gehackte Mandelkerne + etwas mehr für die Deko

AUSSERDEM
- Safranfäden für die Deko

Für die Milchbällchen in einem Topf die Milch bei mittlerer Temperatur aufkochen. Gelegentlich umrühren, damit sie nicht am Boden anbrennt. Sobald die Milch zu kochen beginnt, den Zitronensaft unter langsamem, gleichmäßigem Rühren hinzufügen. Die Milch sollte nun anfangen zu gerinnen und sich in Molke und feste Teile trennen. Die Temperatur reduzieren und die Milch kurz ruhen lassen, bis sich die festen Teile vollständig von der Molke getrennt haben.

Ein Sieb mit einem Käsetuch auslegen und die ausgeflockte Milch vorsichtig darin absieben. Die Molke abtropfen lassen und auffangen und das Käsetuch zu einem Bündel zusammenbinden. Die überschüssige Flüssigkeit fest auspressen und nochmals etwa 15 Minuten abtropfen lassen.

Die abgekühlte, abgetropfte Masse auf die Arbeitsfläche legen, mit der Hand flach drücken und gut durchkneten, bis die Masse schön weich und glatt ist. Das kann bis zu 20 Minuten dauern. Die Masse in etwa 11 Portionen teilen und zu kleinen, etwas flachen Bällchen formen.

Für das Zuckerwasser in einem breiten Topf den Zucker in 700 ml Wasser aufkochen. Umrühren, bis er sich aufgelöst hat. Die Milchbällchen vorsichtig in das Zuckerwasser legen und abgedeckt etwa 15 Minuten darin bei mittlerer Temperatur köcheln lassen. Anschließend im Zuckerwasser abkühlen lassen.

Für die Milchsauce die restliche Milch bei mittlerer Temperatur aufkochen und so lange köcheln lassen, bis sie um die Hälfte einreduziert ist. Dabei immer wieder umrühren, damit sie nicht am Topfboden ansetzt.

Die Kondensmilch, den Safran, das Kardamompulver und die gehackten Kerne unterrühren. Den Topf vom Herd nehmen und die Milchsauce komplett abkühlen lassen.

Zum Servieren die Milchbällchen aus dem Zuckerwasser nehmen und auf einem Teller anrichten. Die Milchsauce darübergießen. Mit den restlichen gehackten Kernen und den Safranfäden dekorieren und gut gekühlt servieren.

TIPP

Falls die Masse für die Milchbällchen während des Knetens auseinanderfällt, löffelweise Milch und/oder etwas Maisstärke dazugeben.

Getränke

Getränke in Pakistan

Besonders Gewürztees spielen in Pakistan eine große Rolle und sind aus dem täglichen Leben nicht wegzudenken. Besonders beliebt ist der Kadak Chai, ein kräftiger Gewürztee, der mit Milch zubereitet wird. Die Intensität des Geschmacks hängt davon ab, wie lange der Schwarztee und die Gewürze gekocht werden.

Das wohl bekannteste Getränk aus Pakistan ist Mango-Lassi, das hauptsächlich aus reifen Mangos hergestellt wird. Wenn reife Mangos nicht verfügbar sind, können auch gefrorene Mangos verwendet werden. Kardamom und Orangenblütenwasser geben dem Getränk einen authentischen Geschmack.

In den heißen Sommermonaten ist die Zitronenlimonade Nimbu Shikanji sehr beliebt.
Ein weiteres erfrischendes Getränk ist Rooh Afza, ein konzentrierter Kürbissirup mit verschiedenen Kräutern.

Kadak Chai
Pakistanischer Gewürztee mit Milch

Für viele Menschen in Pakistan ist Gewürztee ein fester Bestandteil des Alltags. Zu einem perfekten Start in den Tag gehört dort eine warme Tasse Kadak Chai (»starker Chai«) einfach dazu. Traditionell wird Chai mit Milch zubereitet. Je länger man den Schwarztee mit den Gewürzen kochen lässt, desto intensiver wird der Geschmack. Für Kadak Chai habe ich den Schwarztee der Marke PG verwendet. Diesen findet man in jedem indisch-pakistanischen Supermarkt oder im Asialaden.

FÜR 2 GROSSE TASSEN (CA. 400 ML) | 20 MINUTEN

6 Kardamomkapseln
2 TL Schwarztee (z. B. von PG)
1 TL geriebener frischer Ingwer
½ TL Fenchelsamen
1 kleine Stange Zimt
1 Gewürznelke
⅓ TL frisch gemahlener schwarzer Pfeffer
250 ml Milch (3,5 % Fettgehalt)
ca. 3 TL Rohrzucker (optional)

200 ml Wasser in einem Stieltopf aufkochen. Die Kardamomkapseln aufbrechen und zusammen mit dem Schwarztee, dem Ingwer, den Fenchelsamen, dem Zimt, der Gewürznelke und dem Pfeffer hineingeben. Die Mischung aufkochen und 2-3 Minuten bei mittlerer Temperatur köcheln lassen.

Die Milch angießen und den Tee nochmal aufkochen.

Sobald er aufkocht, die Kasserolle vom Herd nehmen, damit der Chai wieder nach unten sinkt. Dann nochmals auf die Kochstelle ziehen und aufkochen. Diesen Schritt 2-3-mal wiederholen (je öfter, desto stärker ist der Tee).

Nach Geschmack mit dem Rohrzucker süßen. In eine Tasse abseihen und warm servieren.

Mango-Lassi

Mango-Lassi ist eines der bekanntesten Getränke aus Pakistan. Die wichtigste Zutat sind selbstverständlich Mangos. Diese sollten auf jeden Fall reif sein. Falls man keine reifen Mangos bekommt, kann man auch Tiefkühlware in Stücken verwenden. Kardamom und Orangenblütenwasser machen den Geschmack authentischer. Wer kein Orangenblütenwasser findet, kann es aber auch weglassen.

FÜR 2 PERSONEN | 7 MINUTEN

FÜR DAS LASSI

- 2 reife Mangos
- 250 g Naturjoghurt (3,5 % Fettgehalt)
- 2 EL weißer Zucker
- ½ TL Kardamompulver
- 1 EL Orangenblütenwasser (optional)
- Saft von ½ Zitrone
- 300 ml Sprudelwasser

AUSSERDEM

- Eiswürfel (optional)
- frische Minzblätter

Die Mangos schälen, das Fruchtfleisch vom Kern trennen und in grobe Stücke schneiden. Mit den übrigen Zutaten (außer dem Sprudelwasser) in einen Mixer geben und glatt pürieren. Das Sprudelwasser nach und nach zugießen und weiter mixen, bis die gewünschte Konsistenz erreicht ist.

Wer mag, kann noch Eiswürfel dazugeben. Mit frischer Minze toppen und genießen.

Nimbu Shikanji
Pakistanische Zitronenlimonade

Nimbu Shikanji ist eine Zitronenlimonade und der perfekte Durstlöscher in den heißen Sommermonaten. Das Besondere an dieser Limonade ist, dass hier Salz (Kala Namak) und Pfeffer hinzugefügt wird. Dadurch bekommt die Limonade eine ganz neue geschmackliche Dimension und schmeckt nicht einfach nur süß.

FÜR 2 PERSONEN | 5 MINUTEN

FÜR DIE ZITRONENLIMONADE

- Saft von 1 Zitrone
- 1 ½ EL weißer Zucker
- ⅓ TL Kala Namak (Schwarzsalz)
- ¼ TL frisch gemahlener schwarzer Pfeffer

AUSSERDEM

- Eiswürfel
- Minzblätter
- Zitronenscheiben

500 ml Wasser (oder Sprudelwasser) mit dem Zitronensaft mischen und mit den anderen Zutaten verrühren, bis der Zucker aufgelöst ist.

Abschmecken und nach Bedarf mehr Zuckeroder Zitronensaft dazugeben.

Einige Eiswürfel in zwei Gläser geben, mit der Limonade auffüllen und mit Minzblättern und Zitronenscheiben garniert genießen.

Rooh Afza Sharbat
Pakistanischer Durstlöscher

Rooh Afza ist ein konzentrierter Kürbissirup aus verschiedenen Kräutern und sehr intensiv im Geschmack. Deshalb vermischt man Rooh Afza im Verhältnis 1:8 mit Wasser. Ergänzt durch einige weitere Zutaten, ist das Getränk in Pakistan einer der beliebtesten Durstlöscher an heißen Sommertagen. Rooh Afza ist in fast jedem indisch-pakistanischen Supermarkt erhältlich, und sicher wird man auch im Internet fündig.

FÜR 2 PERSONEN | 7 MINUTEN

4 EL Chiasamen
1 unbehandelte Limette
2 EL Rohrzucker
einige Blätter frische Minze
100 ml Rooh-Afza-Sirup
600 ml kaltes Sprudelwasser
Eiswürfel

Die Chiasamen für 2-3 Stunden in Wasser einweichen, bis sie aufgequollen sind. Noch besser wäre es über Nacht.

Die Limette vierteln und in einen Mörser geben. Den Rohrzucker und die Minze dazugeben und die Limette zerdrücken. Gemeinsam mit den restlichen Zutaten und den Chiasamen in eine große Kanne geben, gut verrühren und genießen.

Basics

Raita
Gurken-Minz-Joghurt

Da die pakistanische Küche recht scharf ist, wird zu fast jedem Gericht Raita serviert. Raita ist ein erfrischender Joghurt-Dip, der aus sehr wenigen Zutaten besteht und schnell gemacht ist. Es gibt unzählige Varianten von Raita: Tomaten-Gurken-Raita, Pudine ka Raita (Pfefferminz-Raita), Dhania ka Raita (Koriander-Raita) oder Kheere ka Raita (Gurken-Raita). Die Gurke habe ich für dieses Rezept gerieben, aber man kann sie auch in kleine Würfel schneiden. Nach Belieben lässt sich das Raita noch mit gewürfelter Tomate ergänzen, das gibt noch mehr Frische.

FÜR 4 PERSONEN | 7 MINUTEN

½ Salatgurke
1 Handvoll frisches Koriandergrün (optional)
2 Handvoll frische Minze
250 g Naturjoghurt (3,5 % Fettgehalt)
2 TL frisch gepresster Limettensaft
Salz nach Geschmack

Die Gurke fein reiben und die überschüssige Flüssigkeit mit den Händen ausdrücken.

Den Koriander und die Minze zusammen mit 2 EL von dem Joghurt in einen kleinen Blitzhacker geben und zu einer cremigen Paste mixen.

Die geriebene Gurke und die Kräuterpaste mit dem restlichen Joghurt in einer Schüssel gründlich vermischen. Mit Salz und dem Limettensaft abschmecken.

Raita kann als Beilage zu fast allen Rezepten in diesem Buch serviert werden.

TIPP
Wer keinen Koriander mag, lässt ihn einfach weg. Das Raita lässt sich gut mit gewürfelten Tomaten, Chili, roten Zwiebeln oder Kreuzkümmel verfeinern. Wer keinen Mixer hat, hackt die Kräuter einfach klein.

Imli ki Chutney
Tamarinden-Chutney

Tamarinden-Chutney ist eine süß-saure Sauce, die hervorragend zu vielen pakistanischen Speisen passt, zum Beispiel zu Samosas, Pakoras oder auch zu vielen Reisgerichten. Diese Sauce ist sehr oft ein echter Game-Changer und kann den Geschmack der Speisen auf ein neues Level bringen. Für dieses Rezept habe ich getrocknete Tamarinde verwendet. Diese findet man fast in allen indischen Supermärkten in Form eines festen Blocks unter dem Namen »Tamarind Paste«.

FÜR 2 KLEINE SCHRAUB-GLÄSER (CA. 400 G) | 40 MINUTEN

200 g Tamarindenpaste im Block
½ TL Chilipulver
½ TL Chiliflocken
¼ TL Salz
250 g Rohrzucker

Den Tamarindenblock vorsichtig aus der Verpackung nehmen und in eine große und tiefe Schüssel geben. Mit 500 ml heißem Wasser übergießen und mit einem Teller abgedeckt für 2-3 Stunden einweichen lassen.

Die Masse nach dem Einweichen durch ein Sieb streichen, um Stücke und Kerne (falls enthalten) zu entfernen.
Die gesiebte Masse in einem Topf mit 500 ml Wasser vermischen und unter Rühren aufkochen.

Mit dem Chilipulver, den Chiliflocken und dem Salz würzen. Weitere 2-3 Minuten unter Rühren kocheln lassen. Dann den Rohrzucker hinzufügen und auf mittlerer Stufe etwa 20-30 Minuten köcheln lassen, bis die Sauce beginnt, dickflüssig zu werden. Während die Sauce köchelt, immer wieder umrühren.

Das Tamarindenchutney vom Herd nehmen und komplett abkühlen lassen. Es wird beim Abkühlen noch weiter eindicken.

Entweder direkt weiterverarbeiten oder in Schraubgläser abfüllen und im Kühlschrank aufbewahren.

TIPP
Das Chutney am besten schon beim Kochen zwischendurch immer wieder abschmecken und je nach Gusto mehr Süße oder Schärfe hinzufügen.

Pudine ki Chutney
Minz-Chutney

Pudine ki Chutney oder auch »Grüne Sauce« besteht aus viel frischer Minze, etwas frischem Koriander, frischen, grünen Chilischoten und frisch gepresstem Limettensaft. Zusätzlich können je nach Lust und Laune Zwiebeln und Knoblauch dazugegeben werden. Die Zubereitung ist super einfach, alles wird in einen Mixer gegeben und zu einer cremigen Sauce vermischt. Dieses Chutney wird gemeinsam mit anderen Chutneys gern zu Sandwiches, Samosas, Pakoras, Kebabs oder auch zu Reisgerichten serviert.

FÜR 4 PERSONEN | 7 MINUTEN

200 g frische Minze
100 g frisches Koriandergrün
½ Zwiebel
1 Knoblauchzehe
ca. 8 g frischer Ingwer
3 frische Chilischoten
¼ TL Kreuzkümmelsamen
¼ TL weißer Zucker
2 Eiswürfel
Salz nach Geschmack

Die Blätter von der Minze und dem Koriander von den Stielen zupfen. Die Zwiebel schälen und in grobe Stücke schneiden. Den Knoblauch und den Ingwer ebenfalls schälen. Die Chilischoten putzen und die Stielkappen abschneiden.

Alle Zutaten zusammen mit etwas Wasser in einen Mixer geben und zu einer cremigen Sauce pürieren. Nach Geschmack mit Salz würzen und zum Servieren in eine Schüssel umfüllen.

Pyaz wala Salad
Tomatensalat mit roten Zwiebeln

FÜR 4 PERSONEN I 10 MINUTEN

2 rote Zwiebeln
600 g reife Tomaten
50 g frischer Koriander
4 EL Olivenöl
½ TL Kreuzkümmelpulver
3 EL frisch gepresster Zitronensaft
Salz
frisch gemahlener schwarzer Pfeffer

Die Zwiebeln schälen und in dünne Spalten schneiden. Die Tomaten nach Belieben in Scheiben oder Stücke schneiden. Die Korianderblätter von den Stängeln zupfen und grob hacken.

Das Öl mit dem Zitronensaft und dem Kreuzkümmel verrühren. Mit Salz und Pfeffer würzen.

Die Zwiebeln, die Tomaten und den Koriander in einer Schüssel vermengen. Die Zitronen-Olivenöl-Mischung darübergeben und gut untermischen.

Zu einem leckeren Curry oder mit Fladenbrot als Snack servieren.

TIPPS
Wer mag, kann noch ein Stück in Würfel geschnittene Salatgurke hinzufügen und den Salat statt mit Koriander mit etwas Chilipulver würzen.

Chaat Masala
Gewürzmischung für alle Fälle

Chaat Masala ist eine Gewürzmischung, bekannt für ihren süß-sauren Geschmack. Dafür sorgen Amchur (Mangopulver aus unreifen Mangos) und getrocknete Granatapfelkerne. Chaat Masala wird hauptsächlich für Kichererbsen- und Kartoffelsalate verwendet. Aber wenn man diese Gewürzmischung einmal zubereitet hat, lassen sich damit fast alle Gerichte aufpeppen, beispielsweise auch Raita, Chutneys, Obstsalate oder Aloo ki Tikkis. Deshalb wird Chaat Masala auch als Gewürzmischung für alle Fälle bezeichnet.

FÜR 1 KLEINES SCHRAUBGLAS (200 G) | 10 MINUTEN

1 EL Kreuzkümmelsamen
3 EL Koriandersamen
1 TL Fenchelsamen
1 TL Ajwain (Königskümmel)
20 g schwarze Pfefferkörner
1 ½ EL Amchur (Mangopulver)
3 TL Kala Namak (schwarzes Würzsalz)
¼ TL Ingwerpulver
¼ TL Chilipulver
¼ TL Paprikapulver
1 TL getrocknete Minze
1 EL getrocknete Granatapfelkerne

Den Kreuzkümmel, die Koriandersamen, die Fenchelsamen, den Ajwain und den schwarzen Pfeffer in eine Pfanne geben und bei mittlerer Temperatur 30–40 Sekunden ohne Fettzugabe anrösten. Dann sofort auf einen flachen Teller umfüllen und komplett abkühlen lassen.

Die abgekühlten ganzen Gewürze in einen kleinen Blitzhacker geben und zu einem Pulver mixen.

Zusammen mit den restlichen Gewürzen in eine Schale geben und gut vermischen.

Das Chaat Masala in einem verschließbaren Glas aufbewahren.

TIPP
Mit Chaat Masala lassen sich nicht nur pakistanische, sondern auch viele europäische Gerichte würzen, wie zum Beispiel Kartoffelgerichte, Porridge oder sogar Butterbrote.

Garam Masala
Klassische Gewürzmischung

Selbst gemachte Gewürzmischungen aus getrockneten Kräutern sind lange haltbar. Allerdings verlieren sie nach und nach an Aroma und sollten daher nicht zu lange gelagert werden.

FÜR 200 G | 10 MINUTEN

- 10 g geriebene Muskatnuss
- 30 g Zimtstange
- 50 g Koriandersamen
- 30 g schwarze Pfefferkörner
- 30 g Kreuzkümmelsamen
- 10 g Gewürznelken
- 10 g Sternanis
- 10 g Muskatblüte (optional)
- 10 g schwarzer Kardamom
- 5 g Lorbeerblatt
- 10 g grüner Kardamom

Die Muskatnuss und die Zimtstange in einem Mörser grob zerstoßen (damit die Mühle es später beim Mahlen einfacher hat).

Alle Gewürze nun in eine Pfanne geben und 3-5 Minuten auf mittlerer Stufe ohne Fettzugabe anrösten, dabei immer wieder umrühren. Die Gewürze dürfen nicht verbrennen, sie sollen nur ein leichtes Röstaroma bekommen.

Die Gewürze danach sofort auf einen großen Teller (oder ein Tablett) umfüllen und komplett abkühlen lassen. Anschließend in eine Gewürzmühle (oder einen Blitzhacker) geben und zu einem feinen Pulver mahlen.

Biryani Masala
Gewürzmischung für Biryani Masala

Die Gewürzmischung aus den folgenden Zutaten reicht für zwei Mal Biryani für je 4 Personen aus.

FÜR CA. 6 TL | 10 MINUTEN

2 Anissterne
5 grüne Kardamomkapseln
4 Gewürznelken
2 große schwarze Kardamomkapseln (optional)
1 Muskatblüte
5 getrocknete rote Chilis
1 ½ TL Ajwain (Königskümmel, optional)
1 ½ TL Muskatpulver
1 ½ TL Kreuzkümmelsamen
1 ½ TL Pfefferkörner
1 ½ TL Fenchelsamen
1 ½ TL Koriandersamen

Alle Zutaten in eine kleine Gewürzmühle oder einen Blitzhacker geben und zu einem feinen Pulver mixen.

Nihari Masala
Gewürzmischung für Eintopf

FÜR CA. 50 G | 20 MINUTEN

- 1 TL schwarze Pfefferkörner
- 1 schwarze Kardamomkapsel
- 4 grüne Kardamomkapseln
- 1 kleine Stange Zimt
- 5 Gewürznelken
- 7 Stangenpfeffer (Langer Pfeffer)
- 2 Muskatblüten
- ¼ Muskatnuss
- 1 Sternanis
- 1 EL Fenchelsamen
- 1 EL Koriandersamen
- 1 TL schwarzer Sesam
- 1 TL Kreuzkümmelsamen
- 1 TL Ingwerpulver
- 1 TL Chilipulver
- 1 EL Kashmiri-Chilipulver (Seite 24)
- 1 EL Korianderpulver
- 1 TL gemahlene Kurkuma

Die ganzen Gewürze bei niedriger Temperatur in einer Pfanne ohne Fettzugabe leicht anrösten. Dann sofort auf einen flachen Teller umfüllen und komplett abkühlen lassen.

Wenn die Gewürze abgekühlt sind, in einem Blitzhacker zu einem Pulver mixen. Die restlichen Gewürze in Pulverform dazugeben und alles gut vermischen.

Adrak Lassan ka
Knoblauch-Ingwer-Paste

Diese Knoblauch-Ingwer-Paste ist eine der wichtigsten alltäglichen Zutaten in der pakistanischen Küche. In den meisten Rezepten bereite ich sie frisch in meinem Mörser zu. Trotzdem lohnt es sich, sich einen Vorrat anzulegen. Damit die Knoblauch-Ingwer-Paste möglichst lange haltbar ist, darf keine Flüssigkeit (Wasser) hinzukommen. Deshalb habe ich die Paste hier mit Öl gemixt. Beim Kochen gibt man dann einfach etwas weniger Öl als im Rezept angegeben zu.

FÜR 500 G | 10 MINUTEN

300 g Knoblauch
150 g frischer Ingwer
½ TL Salz
6 EL Sonnenblumenöl

Den Knoblauch und den Ingwer schälen, gründlich waschen und mit Küchenpapier vollständig trocken reiben.

Den Knoblauch, den Ingwer, das Salz und 5 EL von dem Öl in einen Blitzhacker geben und zu einer Paste mixen.

Die Paste in ein Schraubglas füllen, die Oberfläche mit dem restlichen Öl bedecken und luftdicht verschließen.

TIPP
Die Knoblauch-Ingwer-Paste hält im Kühlschrank bis zu 6 Monate. Damit sie an der Oberfläche nicht schimmelt, sollte man sie nach jedem Gebrauch wieder mit etwas Öl bedecken. Alternativ kann man die Paste auch in Eiswürfelformen geben und einfrieren. Bei Bedarf entnimmt man dann eine Portion.

Dahi
Selbst gemachter Joghurt

Hausgemachter Joghurt wird zu vielen Gerichten oder als Beilage gereicht, da er Schärfe mildert und den Speisen einen fein säuerlichen Geschmack verleiht. In Pakistan wird Joghurt oft mit etwas Zucker und Reis vom Vortag vermischt und als kleine Mahlzeit gegessen. Seit ich denken kann, machen meine Großmutter und meine Mutter Joghurt selbst.

FÜR 1,5 KG | 30 MINUTEN + 8 STUNDEN ZUM EINDICKEN

1,5 l frische Vollmilch
5 EL Naturjoghurt (3,5 % Fettgehalt)

Die Milch in einem Topf aufkochen (Vorsicht: unbedingt dabei bleiben!). Dann den Topf vom Herd nehmen und die Milch etwa 15 Minuten abkühlen lassen, bis sie lauwarm ist.

Den Joghurt in eine Schüssel füllen und mit einer Tasse lauwarmer Milch gründlich vermischen. Diese Mischung in den Topf zu der restlichen Milch geben und alles gut verrühren.

Den Topf abdecken und an einem warmen Ort etwa 8 Stunden stehen lassen. Wenn der Joghurt eingedickt ist, in den Kühlschrank geben, um weitere Vermehrung der Joghurtbakterien zu vermeiden.

ANMERKUNG
Bewahre die letzten 5 EL Joghurt von dem selbst gemachten Joghurt auf, daraus kannst du wieder neuen Joghurt herstellen.

Ghee
Geklärte Butter

Ghee stammt ursprünglich aus dem Punjab, ist heute aber fast in ganz Pakistan verbreitet. Meine Oma hat Ghee immer auf Vorrat zubereitet und an einem kühlen und trockenen Ort aufbewahrt. Sie hat fast alle ihre Speisen am Schluss, kurz vor dem Servieren, immer mit etwas Ghee verfeinert – unfassbar lecker!

FÜR CA. 750 G | 60 MINUTEN

1 kg Butter

Die Butter würfeln und in einem großen, schweren Topf auf niedriger Stufe langsam schmelzen. Dabei die Stückchen mit einem Löffel etwas bewegen, damit sie nicht bräunen.

Wenn die Butter vollständig geschmolzen ist, die Temperatur erhöhen und einmal alles aufkochen lassen, bis es schäumt. Dann die Temperatur reduzieren (kleinste Stufe) und die Butter 30-40 Minuten offen sanft köcheln lassen. Dabei nicht umrühren.

Sobald sich die milchigen Bestandteile goldgelb verfärbt haben und die Butter so klar ist, dass man den Topfboden sehen kann, das Ghee durch ein feines Sieb, das mit einem Käsetuch ausgelegt ist, in ein sauberes Gefäß abseihen.

Falls nötig, diesen Schritt wiederholen, bis keine festen Bestandteile mehr enthalten sind. Das Ghee abkühlen lassen und in einem Schraubglas luftdicht verschlossen aufbewahren.

TIPP

Ghee kann an einem kühlen und trockenen Ort mehrere Monate lang aufbewahrt werden. Eine Alternative für Ghee ist Butterschmalz.

Paneer
Pakistanischer Käse

Paneer, oder auch Panir genannt, ist der einzige Käse, den ich von zu Hause kenne. Da meine Familie eigene Kühe hatte, gab es viel Milch. So hat meine Oma auch immer mal wieder Käse (Paneer) gemacht. Paneer ist wirklich kinderleicht herzustellen. Man braucht nur wenige Zutaten: Milch, ein Säuerungsmittel (Zitrone, Limette oder Essig) und ein sauberes Baumwolltuch. Das Formen und Pressen braucht etwas Übung, bei mir hat es auch nicht auf Anhieb geklappt.

FÜR 800-1000 G | 45 MINUTEN + 2-3 STUNDEN ZUM ABTROPFEN

4 l Milch (3,5 % Fettgehalt)
5 EL frisch gepresster Zitronensaft

Die Milch in einen großen Topf geben und auf mittlerer Stufe aufkochen. Gelegentlich umrühren, um ein Anbrennen zu vermeiden. Wenn die Milch zu kochen beginnt, löffelweise den Zitronensaft unter Rühren hinzufügen. Stetig weiterrühren, bis sich Käse und Molke voneinander trennen. Wenn die beiden Bestandteile vollständig getrennt sind, den Topf vom Herd nehmen und einige Minuten ruhen lassen.

Ein Käsetuch oder sauberes Baumwolltuch in ein Sieb geben und die Mischung durch das Tuch abseihen, um den Käse von der Flüssigkeit zu trennen. Das Tuch oben zuhalten, abtropfen lassen und fest zusammendrücken (Achtung, heiß!), um so viel Flüssigkeit wie möglich auszudrücken.

Den Käse fest im Tuch einschlagen, auf einen Teller legen und mit einem schweren Gegenstand (z. B. einem dicken Buch) beschweren. Das Ganze etwa 2-3 Stunden stehen lassen und dann vorsichtig auswickeln.

TIPP

Paneer kann sofort verwendet oder in Wasser gelegt im Kühlschrank bis zu 4 Wochen aufbewahrt werden. Statt Zitronensaft kann man auch etwas Essig nehmen.

Register

A

Adrak Lassan ka Paste (Knoblauch-Ingwer-Paste) 178
Aloo Baingan (Kartoffel-Auberginen-Curry) 64
Aloo Gobi (Kartoffel-Blumenkohl-Curry) 68
Aloo Keema (Kartoffel-Hackfleisch-Pfanne) 73
Aloo Palak (Kartoffel-Spinat-Curry) 67
Aloo Paratha (Fladenbrot gefüllt mit Kartoffeln) 42
Aloo Tikki (Kartoffeltaler) 54

B

Barfi (Klassische pakistanische Süßigkeit) 132
Besan ke Ladoo (Kichererbsenbällchen) 137
Bhindi Masala (Okraschoten in Zwiebel-Tomaten-Sauce) 77
Bhuna Chana (Geröstete Kichererbsen) 57
Biryani Masala 176

C

Chaat Masala (Gewürzmischung für alle Fälle) 174
Chana Bhatura (Kichererbsencurry mit frittiertem Brot) 45
Chapli Kebab (Flache, würzige Kebabs) 121
Chutney
Imli ki Chutney (Tamarinden-Chutney) 169
Pudine ki Chutney (Minz-Chutney) 170
Cremige Bällchen in Milchsauce 150
Cremige Belugalinsen 83
Curry
- Hähnchen-Curry 74
- Joghurt-Curry mit Pakoras 108
- Kartoffel-Auberginen-Curry 64
- Kartoffel-Blumenkohl-Curry 68
- Kartoffel-Spinat-Curry 67
- Kichererbsencurry mit frittiertem Brot 45

D, E, F

Dahi (Selbst gemachter Joghurt) 179
Dal
- Dal Makhani (Cremige Belugalinsen) 83
- Dal Palak (Linsen mit Spinat und Chili-Kreuzkümmel-Butter) 84
- Tarka Chana Dal (Kichererbsen mit Knoblauch-Chili-Butter) 80

Eintopf 127
Flache, würzige Kebabs 121
Fladenbrot gefüllt mit Kartoffeln 42
Frittierte Gemüsehäppchen 53
Frittierte, kleine Fladenbrote 101
Frittierte Milchbällchen in Rosensirup 141
Frittierte Teigspiralen in Safransirup 144

G

Gajrela (Karotten-Halwa) 138
Garam Masala (Klassische Gewürzmischung) 175
Geklärte Butter 181
Geröstete Kichererbsen 57
Gewürzmischung
- Biryani Masala 176
- Chaat Masala (Gewürzmischung für alle Fälle) 174
- Garam Masala (Klassische Gewürzmischung) 175
- Nihari Masala (Gewürzmischung für Eintopf) 177

Ghee (Geklärte Butter) 181
Gulab Jamun (Frittierte Milchbällchen in Rosensirup) 141
Gurken-Minz-Joghurt 166

H, I, J

Hähnchen-Curry 74, 115
Hähnchen-Reis 110
Halwa Puri 50
Hochzeitsbraten 116
Imli ki Chutney (Tamarinden-Chutney) 169
Jalebi (Frittierte Teigspiralen in Safransirup) 144
Joghurt-Curry mit Pakoras 108

K

Kadak Chai (Pakistanischer Gewürztee mit Milch) 156
Karahi Gosht (Schmorfleisch) 122
Karotten-Halwa 138
Kartoffel-Auberginen-Curry 64
Kartoffel-Blumenkohl-Curry 68
Kartoffel-Hackfleisch-Pfanne 73
Kartoffel-Spinat-Curry 67
Kartoffeltaler 54
Kheer (Pakistanischer Milchreis) 147
Kichererbsen mit Knoblauch-Chili-Butter 80
Kichererbsenbällchen 137
Kichererbsencurry mit frittiertem Brot 45
Kitchari (Reis-Linsen-One-Pot) 88
Klassische Gewürzmischung 175
Klassische pakistanische Süßigkeit 132
Knoblauch-Ingwer-Paste 178

L, M, N

Linsen mit Spinat und Chili-Kreuzkümmel-Butter 84
Mango-Lassi 159
Masala-Omelett mit Toast 46
Mini-Pakoras (Frittierte Gemüsehäppchen) 53
Minz-Chutney 170
Muli Paratha (Rettich-Paratha) 102
Mung Dal (Mungbohnen mit Tomaten-Tarka) 87
Mungbohnen mit Tomaten-Tarka 87
Murgh Biryani (Hähnchen-Reis) 110
Murgh Korma (Hähnchen-Curry) 115
Murghi Ka Salan (Hähnchen-Curry) 74
Naan 96
Nihari (Eintopf) 127
Nihari Masala (Gewürzmischung für Eintopf) 177
Nimbu Shikanji (Pakistanische Zitronenlimonade) 160

O, P

Okraschoten in Zwiebel-Tomaten-Sauce 77
One-Pot-Reisgericht 118
Pakistanische Zitronenlimonade 160
Pakistanischer Durstlöscher 163
Pakistanischer Gewürztee mit Milch 156
Pakistanischer Käse 182
Pakistanischer Milchreis 147
Pakora Dahi Kadhi (Joghurt-Curry mit Pakoras) 108
Paneer (Pakistanischer Käse) 182
Pyaz wala Anda (Rührei mit Zwiebel) 49
Pyaz wala Salad (Tomatensalat mit roten Zwiebeln) 173
Pista Kulfi (Pistazieneis) 148
Pistazieneis 148
Pudine ki Chutney (Minz-Chutney) 170
Puri (Frittierte, kleine Fladenbrote) 101

R

Raita (Gurken-Minz-Joghurt) 166
Ras Malai (Cremige Bällchen in Milchsauce) 150
Reis-Linsen-One-Pot 88
Rettich-Paratha 102
Rooh Afza Sharbat (Pakistanischer Durstlöscher) 163
Roti 94
Rührei mit Zwiebel 49

S

Schmorfleisch 122
Selbst gemachter Joghurt 179
Shadi wala Roast (Hochzeitsbraten) 116

T, Y

Tamarinden-Chutney 169
Tarka 35
- Chili-Kreuzkümmel-Tarka 35
- Knoblauch-Ingwer-Tarka 35
- Knoblauch-Chili-Butter 80, 83
- Tomaten-Tarka 87

Tarka Chana Dal (Kichererbsen mit Knoblauch-Chili-Butter) 80
Tomatensalat mit roten Zwiebeln 173
Yakhni Pulao (One-Pot-Reisgericht) 118

Über die Autorin

Shiba wurde 1987 in Ghataliya im Südosten Pakistans geboren. Als kleines Kind kam sie mit ihrer Familie nach Deutschland und lebt heute mit ihrem Mann und ihren zwei Kindern in Stuttgart.

Nach mehreren Jahren in der IT-Branche hat sie ihre wahre Berufung im Kochen und Foodbloggen gefunden. Auf ihrem Foodblog »Shibas Kitchen« und den damit verbundenen Social-Media-Kanälen verbindet sie ihre pakistanischen Wurzeln mit deutschen Einflüssen und möchte so die Kochkultur Pakistans bekannter machen.

In ihrem Kochbuch hat sie nicht nur traditionelle Gerichte zusammengestellt, sondern erzählt auch von ihrer multikulturellen Identität und dem Mut, ihre Leidenschaft zu leben. Von den Schwierigkeiten der Integration bis zur Entdeckung neuer Geschmackswelten zeigt Shiba, wie Essen verbindet und Identität schafft.

Über das Fototeam

Vjacheslav Shishlov (@rndr) und **Arina Meschanova** (Instagram @eg0istka) sind seit mehr als zehn Jahren in der Foodfotografie tätig. tätig. Sie leben und arbeiten in Riga (Lettland), sind aber an kulinarischen Projekten in ganz Europa beteiligt. Die beiden Künstler lassen nicht nur ihre Begeisterung für das Kochen und die Foodfotografie, sondern auch für das Reisen in ihre Arbeit einfließen.einfließen. Für dieses Buch haben sie die pakistanische Kultur erkundet und das Foodstyling von Arina und die Fotografie von Vjacheslav mit viel Liebe zum Detail darauf abgestimmt.

SARIPICTURE Sarah Domandl (Instagram @saripicture) ist eine passionierte Portraitfotografin aus München. Vor ihrer Linse stehen vor allem Schauspieler*innen, Prominente, Influencer*innen und Leute aus der Film- und Fernsehbranche. Ihre Porträts zeichnen sich durch Momente der Natürlichkeit, Emotion, Authentizität und Vielfalt aus. Sarahs Arbeiten werden auch in lokalen Ausstellungen in München gezeigt. Darüber hinaus ist sie Leaderin der Münchner Lokalgruppe des Female Photoclub e.V.

Impressum

Produktmanagement: Stefanie Gückstock
Redaktion: Bettina Spangler
Korrektorat: Lena Denu
Layout: Marcus Taeschner, a flock of sheep
Umschlaggestaltung: Kaj Ritter, Murat Taner
Repro: LUDWIG:media
Herstellung: Julia Hegele
Printed in Poland by CGS Printing

Text, Rezepte: Shmaila Daher
Fotografie und Styling: Arina Meschanova und Vjacheslav Shishlov
Autorenporträts: © SARIPICTURE | SARAH DOMANDL
Haare und Make-up: Ricarda Welz (Styledbyrycada)

Unser komplettes Programm finden Sie unter

www.christian-verlag.de

Bildnachweis: Alle Bilder des Innenteils und auf dem Umschlag stammen von Arina Meschanova und Vjacheslav Shishlov mit Ausnahme von S. 10, 14, 17, 41, 59, 63, 93, 107, 131, 155 (SARIPICTURE | SARAH DOMANDL), S. 4 links oben (Unsplash/Abuzar Xheikh), S. 4 links unten (Unsplash/Ossama Safi), S. 4/5 Mitte oben + S. 7 links unten + S. 16 + S. 18 + S. 190 links oben (privat), S. 4/5 Mitte unten (Unsplash/Shakeel Ahmad), S. 5 rechts oben + S. 6 links unten + S. 7 links oben (Unsplahs/Adeel Shabir), S. 5 rechts unten (Unsplash/Muhammad Hussam), S. 6 links oben (Unsplash/Agnieszka Kowalczyk), S. 6/7 Mitte (Unsplash/Ayesha Ch), S. 23 links oben (Unsplash/Tina Witherspoon), S. 23 recht oben (Unsplash/Dario Mendez), S. 24 (Unsplash/ Abhishek Hajare), S. 25 (Unsplash/Mohammad Amir), S. 26 (Shutterstock/Kalina Georgieva), S. 30 (Unsplash/Anya Bell), S. 34 (Shutterstock/Artcomedy), S. 180 (Shutterstock/Dipali S), S. 183 (Shutterstock/Nabaraj Regmi), S. 188 links oben (Unsplash/Jalal Ajmal), S. 188 links unten (Unsplash/Shazaf Zafar), S. 188/189 Mitte oben (Unsplash/Click Shadow), S. 188/189 Mitte unten (Unsplash/Lumensoft Technologies), S. 189 rechts oben (Unsplash/Aryan Ghauri), S. 189 rechts unten (Unsplash/Salman Ahmad), S. 190 links unten (Unsplash/Abuzar Xheikh), S. 190/191 Mitte oben (Unsplash/Amjad Qureshi), S. 190/191 Mitte unten (Unsplash/Almani), S. 191 rechts oben (Unsplash/Salman Haider Khan), S. 191 rechts unten (Shiza Nazir), S. 186 unten(© Lea Mahler)..

★★★★★

Sind Sie mit diesem Titel zufrieden? Dann würden wir uns über Ihre Weiterempfehlung freuen.
Erzählen Sie es im Freundeskreis, berichten Sie Ihrem Buchhändler, oder bewerten Sie bei Onlinekauf. Und wenn Sie Kritik, Korrekturen, Aktualisierungen haben, freuen wir uns über Ihre Nachricht an

Christian Verlag, Postfach 40 02 09,
D-80702 München oder per E-Mail an
lektorat@verlagshaus.de

Die Deutsche Nationalbibliothek verzeichnet diese Publikation in der Deutschen Nationalbibliografie; detaillierte bibliografische Daten sind im Internet über www.dnb.de abrufbar.

Infanteriestraße 11a
80797 München

ISBN 978-3-95961-790-1

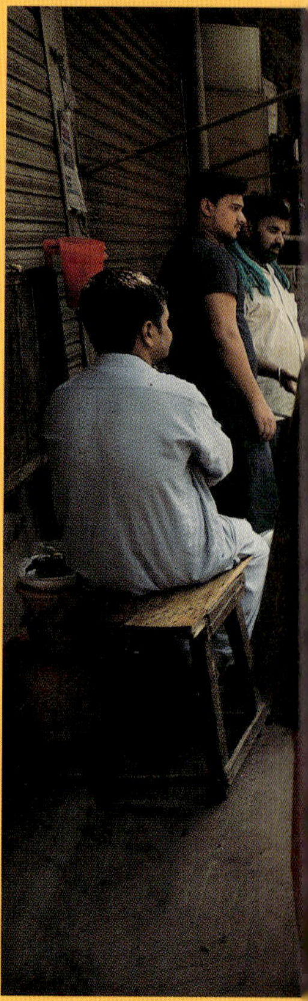

Ebenfalls erhältlich …

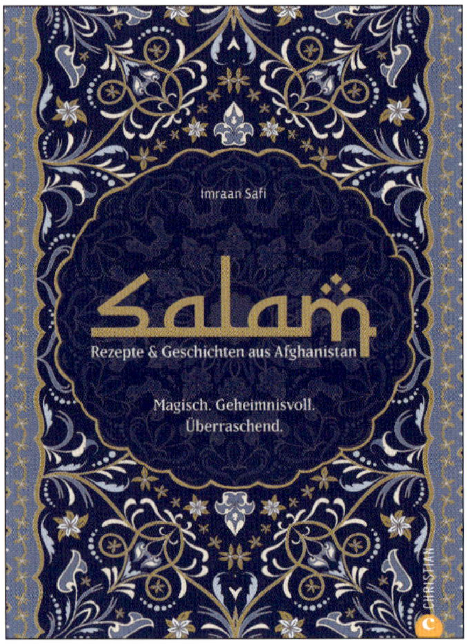

ISBN 978-3-95961-541-9

ISBN 978-3-95961-810-6

ISBN 978-3-95961-781-9

ISBN 978-3-95961-601-0